臺灣歷史與文化研究輯刊

十八編

第 9 冊

清代巡臺御史詩歌研究：
以張湄、六十七、錢琦為中心的考察

鄭佩容 著

花木蘭文化事業有限公司

國家圖書館出版品預行編目資料

清代巡臺御史詩歌研究：以張湄、六十七、錢琦為中心的考
察／鄭佩容 著 -- 初版 -- 新北市：花木蘭文化事業有限公司，
2020〔民109〕
目 4+146 面；19×26 公分
（臺灣歷史與文化研究輯刊十八編；第 9 冊）
ISBN 978-986-518-189-5（精裝）
1. 清代詩 2. 詩評
733.08　　　　　　　　　　　　　　　　　109010604

ISBN-978-986-518-189-5

9 789865 181895

臺灣歷史與文化研究輯刊
十八編　第 九 冊　　　　　　ISBN：978-986-518-189-5

清代巡臺御史詩歌研究：
以張湄、六十七、錢琦為中心的考察

作　　者　鄭佩容
總 編 輯　杜潔祥
副總編輯　楊嘉樂
編　　輯　許郁翎、張雅淋　美術編輯　陳逸婷
出　　版　花木蘭文化事業有限公司
發 行 人　高小娟
聯絡地址　235　新北市中和區中安街七二號十三樓
　　　　　電話：02-2923-1455／傳真：02-2923-1452
網　　址　http://www.huamulan.tw 信箱 hml810518@gmail.com
印　　刷　普羅文化出版廣告事業
初　　版　2020 年 9 月
全書字數　129659 字
定　　價　十八編 16 冊（精裝）台幣 40,000 元　　　版權所有・請勿翻印

清代巡臺御史詩歌研究：
以張湄、六十七、錢琦為中心的考察

鄭佩容　著

作者簡介

鄭佩容，彰化師大國文系及國文所畢，現為高中教師。著有碩士論文《清代巡臺御史詩歌研究：以張湄、六十七、錢琦為中心的考察》。

提　　要

　　臺灣清代初期以宦遊文人的創作為主，其中「巡臺御史」詩人，是一個特殊的創作群體，他們身兼官吏與詩人的雙重角色，在清初臺灣文學占有重要地位。昔日多視其為閒散之官，詩歌以酬答唱和為主，富教化詩觀，較無特色，文學價值不高，相關研究也大多著重於題材特殊、代表性強烈的海洋詩及臺灣風物詩，而忽略了御史詩歌的其他面向。欲深入了解御史文學，必須回歸並理解御史詩人的詩歌視域。「視域」（horizon）也可以理解為一種「成見」，是人類的歷史真實存在狀態，是理解外在世界的基本視野，因此，分析巡臺御史詩人的詩歌視域，是必要的。

　　本論文從流傳作品數量較多的御史中，選擇有詩集（或編集）傳世的張湄、六十七、錢琦三位詩人為主要論述核心，由宇宙（世界）、作者、作品、讀者四大面向切入，理解御史詩人所面臨的存在空間、歷史環境，與經歷事件，並考察他們的生平、經歷，析論詩觀、詩風，探究詩人如何反應宇宙，宇宙又對詩人產生怎樣的影響，再其次探討作者所創造的作品，進一步釐清作品與宇宙、詩人的關聯，最後從御史詩歌剖析詩人的創作視角，進而歸納出巡臺御史詩歌的獨特性。回歸他們的視野，釐清各種「視域」的交疊與錯顯，方能對御史詩歌有更加客觀而適當的評價。

目

次

第一章 緒 論

　　臺灣清代初期的文學活動，以宦遊文人的創作為主，其中「巡臺御史」
詩人，是一個特殊的創作群體。御史詩人身兼官吏與詩人的雙重角色，謝崇
耀在《清代臺灣宦遊文學研究》一書中曾指出，他們「時時不忘其為官的『本
分』，以弘揚教化為己志」〔註1〕，可見官員身分，影響著他們的詩歌創作。
本論文擬以張湄、六十七、錢琦三位巡臺御史為考察核心，探討清代巡臺御
史詩歌的特殊視域。

第一節　研究動機與問題意識

　　康熙60年（1721），朱一貴事件之後，「巡臺御史」成為清廷在臺灣的常
設官職，從康熙61年至乾隆52年正式廢止（1722～1787），前後六十餘年，
計有滿、漢共47位御史來臺。〔註2〕他們身居監察要職，擔任中央朝廷在遙

〔註1〕謝崇耀：《清代臺灣宦遊文學研究》（臺北市：蘭臺出版社，2001年），頁179。
〔註2〕據《臺灣通志》，清代歷任滿漢巡臺御史共有47人：吳達禮（滿1722）、黃叔
　　　璥（漢1722）、禪濟布（滿1724）、丁士一（漢1724）、景考祥（漢1725）、
　　　汪繼燝（漢1726）、索琳（滿1726）、尹泰（漢1727）、赫碩色（滿1726）、
　　　夏之芳（漢1728）、奚德慎（滿1730）、李元直（漢1730）、高山（漢1730）、
　　　覺羅柏脩（滿1732）、林天木（漢1733）、圖爾泰（滿1734）、嚴瑞龍（漢1735）、
　　　白起圖（滿1736）、單德謨（漢1737）、諾穆布（滿1737）、楊二酉（漢1739）、
　　　舒輅（滿1740）、張湄（漢1741）、書山（滿1742）、熊學鵬（漢1743）、六
　　　十七（滿1744）、范咸（漢1745）、伊靈阿（滿1747）、白瀛（漢1747）、書
　　　昌（滿1749）、楊開鼎（漢1749）、立柱（滿1751）、錢琦（漢1751）、官保
　　　（滿1756）、李友棠（漢1756）、宗室實麟（滿1759）、湯世昌（漢1760）、
　　　永泰（滿1763）、李宜青（漢1763）、明善（滿1767）、朱丕烈（漢1767）、
　　　喀爾崇義（滿1771）、王顯曾（漢1771）、覺羅圖思義（滿1777）、孟邵（漢
　　　1777）、塞岱（滿1781）、雷輪（漢1781）。見《臺灣通志》，臺灣文獻叢刊第

遠海疆的政治監督者。來臺御史之中，不乏能文善詩之士，官員之間迭有唱
和，巡臺期間留下不少作品，在清代臺灣宦遊文學中占有重要地位。統計《全
臺詩》所收錄之巡臺御史詩歌，共 17 位詩人有詩作傳世，計詩歌五百餘首（見
頁 27～28，附表一）。目前巡臺御史詩人的相關研究並不多。除首任御史黃叔
璥的研究成果較豐〔註3〕，其他僅有詩歌數量較多的詩人如夏之芳（100 首）、
張湄（132 首）、六十七（60 首）、范咸（112 首）、錢琦（118 首），有寥寥數
篇研究論文。〔註4〕細究其因，可能是作品傳世的數量、作品集的散佚、失傳，

130 種，（臺北市：臺灣銀行經濟研究室，1962），頁 344～346。

〔註 3〕有關首任巡臺御史黃叔璥的研究，多集中於其生平考述及重要著作《臺海使
槎錄》。相關專著有林淑慧：《臺灣文化采風：黃叔璥及其《臺海使槎錄》研
究》（臺北市：萬卷樓出版社，2004 年）；單篇論文有許雪姬：〈首任巡臺御史
黃叔璥研究——試論其生平、交友及著述〉（《臺北文獻》第 44 期，1978 年 6
月，頁 123～132）、林慶元：〈《南征紀程》、《臺海使槎錄》及其他——關於首
任巡臺御史黃叔璥的幾個問題〉（《亞洲研究》第 23 期，1997 年 7 月，頁 62
～74）、劉仲華：〈清代首任巡臺御史黃叔璥生平及其學術成就簡述〉（《唐都
學刊》第 21 卷第 6 期，2005 年 11 月，頁 144～148）、黃武智：〈黃叔璥生卒
年及其著作《臺海使槎錄》序文作者考證〉（《高雄師大學報》人文與藝術類，
第 19 期，2005 年 12 月，頁 69～78）與《《臺海使槎錄》的史料價值與藝術
價值——以〈番俗六考〉與〈番俗雜記〉為例〉（《興大人文學報》第 36 期，
2006 年 3 月，頁 419～451）、吉路：〈清代第一任「巡臺御史」——大興黃叔
璥（上）〉（《北京檔案》2011 年第 9 期，2011 年 10 月，頁 67）與〈清代第一
任「巡臺御史」——大興黃叔璥（下）〉（《北京檔案》2011 年第 10 期，2011
年 11 月，頁 61），研究成果較其他巡臺御史為豐。

〔註 4〕以關涉到巡臺御史詩歌的研究為主，夏之芳之相關研究有湯熙勇：〈清代巡臺
御史夏之芳的事蹟〉（《臺灣史研究論文集》，臺北：中華民國臺灣史蹟研究中
心，1988 年，頁 1～60）、方亮：〈巡臺御史夏之芳考論——關於家世、生
平及其宦臺詩〉（《揚州教育學院學報》第 31 卷第 2 期，2013 年 6 月，頁 7
～11）二篇；張湄之相關研究有林文龍：〈張湄與「瀛壖百詠」〉（《臺南文化》，
新八號，1980 年，頁 173～182）一篇；六十七之相關研究有方豪：〈乾隆初
旅臺滿洲學人六十七〉（《故宮文獻》第 3 卷第 1 期，1971 年 12 月，頁 1～20，
亦收錄於方豪：《方豪六十至六十四自選待定稿》，臺北市：臺灣學生書局，
1974 年，頁 303～412）、吳盈靜：〈一位滿裔漢人的臺灣詩情——論巡臺御史
六十七及其詩作〉（《第二屆嘉義研究學術研討會論文集》，2007 年 4 月，頁
99～115）、劉麗卿：〈巡臺御史六十七在臺期間（1744～1747）之詩作論析〉
（《臺中教育大學學報》人文藝術類，第 25 卷第 1 期，2011 年 6 月，頁 41～
57）三篇；范咸之相關研究有駱育萱：〈范咸詩作之研究〉（《白沙人文社會學
報》第 4 期，2005 年 10 月，頁 105～135）一篇；錢琦之相關研究有陳思穎：
〈來自大海的呼喚——論清初巡臺御史錢琦詩作中的海洋書寫〉（高師大《國
文學報》第 6 期，2007 年 6 月，頁 211～242）一篇。個別詩人的研究篇數皆
不多。

以及詩人生平事蹟的零碎不明，導致個別詩人難以深入研究。其次，御史詩人因其官員身分，詩作多少帶有宣揚皇恩、觀風整俗的政治色彩，詩歌亦多酬唱、贈答一類，普遍被視作較無特色的教化、應酬作品，因此以往的研究者大多著重於題材特殊、代表性強烈的海洋詩及臺灣風物詩。然而，「教化詩觀」、「酬答文學」，以及部分新鮮、特殊的臺灣風物詩，恐怕不能全面的定義巡臺御史詩歌。欲深入了解御史文學，必須回歸並理解御史詩人的詩歌視域。巡臺御史詩人身為監察官員，有其獨特的歷史背景及個人經歷，他們的書寫，必然有其歷史性與侷限性，這是無可避免的，不能以我們的觀點去理解、批判，只有釐清各種「視域」的交疊與錯顯，才能真正對御史詩歌作出適當的評價。

　　雍正 5 年（1727），漢籍御史兼理學政，御史詩歌開始勃興，並於乾隆年間達到高峰，詩人輩出。為聚焦論述核心，本論文擬從乾隆年間，流傳作品數量較多的御史中，選擇有詩集（或編集）傳世的張湄、六十七、錢琦三位詩人為主要論述重心。〔註 5〕選擇上述三位詩人，除考量到詩集（編集）、詩歌數量與研究方法，為探討族群差異是否影響御史詩人的詩歌視域，除了張湄、錢琦二位漢籍御史，並選入滿籍御史中詩作數量最多的六十七為考察核心。

　　清廷在臺灣設置「巡臺御史」一職，有其時代性與特殊性。巡臺御史為中央直接派遣的監察官，在地方擁有相當程度的權力，意見更可直達天聽，他們在臺灣的書寫，有何特殊意義？中央如何挑選派遣來臺的御史，朝廷對這些官員的期待，是否影響並構成了巡臺御史詩人的主要詩歌視域？身懷宣揚天朝聖威的使命，御史們是否因此而流露出濃厚的道德教化的詩觀，這究竟要視作其文學成就的瑕疵〔註6〕，抑或是特色？他們的官職對詩歌創作究竟產生了何種影響？御史詩人在臺灣的文學活動呈現何種樣貌？都值得深入探討。

　　巡臺御史身負皇命，千里迢迢從大陸遠渡海島，他們懷抱著怎樣的心境

〔註 5〕按：本篇論文擬由宇宙（世界）、作者、作品、讀者四大面向切入研究，此四要素相生相成，作者為其中重要環節。筆者期能從詩人現存之完整詩集（編集），考察其生平、仕宦、詩觀、詩風等資料，以作為後續詩人創作視野之研究基礎。與六十七同時期之漢籍御史范咸，因其《婆娑洋集》、《浣浦詩鈔》皆已散佚，故無選入，日後或於單篇論文再行討論。

〔註 6〕謝崇耀認為，這是他們在文學成就上的致命傷。見謝崇耀：《清代臺灣宦遊文學研究》，頁 179。

赴臺？以何種視野觀看、書寫臺灣？除了《全臺詩》所錄詩作，總覽詩人詩集，期能梳理出更多詩人與詩歌的相關資料，對他們的生平概略與仕宦軌跡，有更進一步的理解，並考察個別詩人經歷與創作視野的關聯、影響。而六十七為少數流傳詩作較多的滿籍御史，他的編集《使署閒情》，反映清初來臺官員，作詩酬唱的風氣興盛，甚至有雅集的重要事實，其中所收錄的詩歌如何選輯？酬唱贈答之詩又反映出什麼訊息與意義？巡臺御史例制滿漢各一，族群的不同，是否影響御史詩人觀看、書寫臺灣的視野？巡臺御史詩歌是否有其獨特性？以上問題皆有待進一步探究。

　　另外，在清代古典詩的斷代研究方面，康熙年間與道、咸、同年間分別有吳毓琪〈康熙時期臺灣宦遊詩之研究〉〔註7〕與許惠玟〈道咸同時期（1821～1874）臺灣本土文人詩作研究〉〔註8〕兩本博論，而雍、乾、嘉時期卻少有關注。「巡臺御史」詩人群主要橫跨雍、乾時期，期能稍加補充目前斷代研究之不足。

第二節　前人研究與相關文獻回顧

　　與本論文相關之前人研究，可分為兩大部分：巡臺御史制度之相關研究，以及巡臺御史詩人及其作品之相關研究。

一、巡臺御史制度之相關研究

　　此類研究目前所見，主要屬於史學範疇的制度史、官制史研究，多為歷史相關學系研究論文。單篇論文有黃文雄〈巡臺御史被劾案〉〔註9〕、莊金德〈巡臺御史的設立與廢止〉〔註10〕、劉如仲〈巡臺御史的設立及其歷史作用〉〔註11〕、湯熙勇〈巡臺御史與清代臺灣的科舉教育〉〔註12〕、李祖基〈清代

〔註7〕吳毓琪：〈康熙時期臺灣宦遊詩之研究〉（臺南：國立成功大學台灣文學研究所博士論文，2006年）。

〔註8〕許惠玟：〈道咸同時期（1821～1874）臺灣本土文人詩作研究〉（高雄：國立中山大學中國文學系博士論文，2007年）。

〔註9〕黃文雄：〈巡臺御史被劾案〉（《臺北文物》4：3，1955年11月20日），頁38～46。

〔註10〕莊金德：〈巡臺御史的設立與廢止〉（《臺灣文獻》第16卷第1期，1965年3月），頁53～77。

〔註11〕劉如仲：〈巡臺御史的設立及其歷史作用〉（《中國歷史文物》，1991年00期），頁123～131。

巡臺御史制度研究〉〔註13〕；學位論文有何孟興〈清初巡臺御史制度之研究〉〔註14〕；專著有尹全海《清代渡海巡臺制度研究》〔註15〕。

（一）單篇論文

有乾隆年間巡臺御史遭劾事件的研究一篇，巡臺御史制度之相關研究三篇，以及探討巡臺御史與臺灣科舉教育的研究一篇。

黃文雄〈巡臺御史被劾案〉，主要探討乾隆年間，因採買臺穀輸閩的爭議，福建與臺灣的官員產生齟齬，導致其後福建巡撫陳大受彈劾巡臺御史之事件。指出巡臺御史被劾之因，在職權太重，與福建官員事權重疊，進而產生矛盾，巡臺御史被劾案，乃是雙方政治衝突、角力的結果。全文多為史料羅列整理，論述較少。

莊金德〈巡臺御史的設立與廢止〉，是最早關於巡臺御史制度的研究論文。對巡臺御史一職的設立原因、任命方式、職分權責等，皆有敘述，對巡臺御史制度為何遭到廢止也有探討。全文論述簡明扼要，內文大量引錄奏摺部分內容作為佐證，加上作者簡要的條列說明，可以概略了解巡臺御史整體制度發展的來龍去脈。文中並列出歷任巡臺御史的生平事蹟與任內事功，除了制度本身，亦有助於知悉御史其人其事，可惜此部分主要敘述巡臺御史的政績，關於他們在臺的文章、詩作、詩集等，僅寥寥數語略提，於文學成就較無注意。

劉如仲〈巡臺御史的設立及其歷史作用〉一文，首先說明清廷設立巡臺御史的前因後果，以及巡臺御史之職責；其次羅列歷任御史簡歷，此一部分較莊文簡略，對御史們的文學事蹟也少有提及；最後論巡臺御史的歷史作用，即歷任御史在臺灣的建樹與貢獻。全文以巡臺御史的在臺政績為主要論述焦點，其餘則較為簡要。

湯熙勇〈巡臺御史與清代臺灣的科舉教育〉一文，專論巡臺御史對臺灣

〔註12〕湯熙勇：〈巡臺御史與清代臺灣的科舉教育〉（國立中央大學共同學科主編：《明清之際中國文化的轉變與延續學術研討會論文集》，臺北：文史哲出版，1991年），頁439～483。

〔註13〕李祖基：〈清代巡臺御史制度研究〉《故宮博物院院刊》總第106期，2003年），頁38～45，亦收錄於氏著：《台灣歷史研究》（臺北市：海峽學術出版社，2008年），頁156～171。

〔註14〕何孟興：〈清初巡臺御史制度之研究〉（臺中：東海大學歷史所碩士論文，1989年）。

〔註15〕尹全海：《清代渡海巡臺制度研究》（北京：九州出版社，2007年）。

科舉教育的建樹與影響。雍正 5 年（1727）以後，改由漢籍巡臺御史兼理學政，朝廷欲藉由推行科舉教育，維持臺灣的政治與社會秩序。巡臺御史在臺主持歲科二試，致力改善臺灣的科舉環境，並建立書院、編纂參考書、教化原住民等，貢獻良多。巡臺御史兼理學政，對御史文學的發展與臺地文風的興盛有關鍵性的影響。此文所論，是本論文探討巡臺御史在臺文學發展的重要參考資料。

　　李祖基〈清代巡臺御史制度研究〉，首先敘述清廷設立巡臺御史之因、巡臺御史的派任方式、巡臺御史在臺的職責及作為等；其次探討巡臺御史與地方官的關係，點出官員間事權不一的矛盾，是造成巡臺御史制度衰微的主因之一；最後論清廷對巡臺御史態度的轉變，亦是巡臺制度改變而至消失的原因。全文主要著力於巡臺御史制度的運作變革與對臺貢獻，於巡臺御史的文學事蹟並無注意。

　　整體而言，以上論文主要著重於巡臺御史制度的運作功用與政治實踐，關心御史在臺之政績、建樹，對於他們在文學上的事蹟甚少提及，或寥寥數語簡略帶過，或偏重於科舉參考書的編纂，對他們的文學成就關注不多。

（二）學位論文：何孟興〈清初巡臺御史制度之研究〉

　　為第一本深入探討巡臺御史制度的碩士論文，對巡臺御史制度的設置背景與過程、巡臺御史職權的消長演變分期、巡臺御史的角色及功能等，析論甚詳，是本論文的重要參考資料。此篇文章為歷史學系的學位論文，主要著力於巡臺制度的研究，全文史料引證詳實，具體呈現巡臺御史制度的產生、運作、變革、衰微等過程，相較於僅以一章之篇幅書寫的尹書（詳見下段），何文的論述較為精細。文後附錄並將歷任巡臺御史奏摺分類羅列，展現出史料引錄的嚴謹，亦便於後進研究者索引參考。此論文之焦點雖為制度史研究，作者對於巡臺御史的文學成就卻有所關注，文中並曾引錄御史詩歌及詩序，惜僅舉寥寥數位御史為例，偏重於資料羅列，論述較少。〔註16〕

（三）研究專著：尹全海《清代渡海巡臺制度研究》

　　此書為首部專論清代巡臺制度的研究專書，也是作者的博士論文。將清代建省之前的巡臺制度分為三大階段：巡臺御史制度、福建大員輪值巡臺制度，以及閩撫駐臺制度，對清代的渡海巡臺制度做了整體分析，呈現出此制

〔註16〕何孟興：〈清初巡臺御史制度之研究〉，頁 53～54。

度實行與變革的深層意義。其中與本論文密切相關的是第二章：巡臺御史制度，此章針對巡臺御史制度的設置、巡臺御史的治臺活動、巡臺御史職權式微原因等三部分進行論述。作者引用諸多史料，展現出宏觀背景與歷史依據，並將資料量化分析，清晰呈現出歷史發展的趨勢。對於整體制度的規定、運作、變革等，考證詳細，雖偶有錯漏〔註 17〕，仍是本論文重要的參考資料。然而其註腳與文獻出處有大陸論文之通病，如卷數、頁碼標示不清，過於簡略等。另外，作者從清代「閩臺一體」合治的政治角度出發，企圖透過論述巡臺制度，導出「閩臺一體」之結論，顯現出大陸學者的政治視角與分離焦慮。清代臺灣府本屬福建省，清末臺灣省亦是清朝一省，本無疑義，作者過度強調的結果，反而突顯出大陸學者的焦慮感。〔註 18〕鮮明的政治視角侷限了此書的論述視野，甚為可惜。此書主要為制度史研究，論述焦點著力於巡臺制度的成立、運作與變革，對巡臺御史的討論僅在派任程序與治臺活動，對他們的文學事蹟幾無著墨。

二、巡臺御史詩人及其作品之相關研究

　　此類研究又可分為詩人群及其作品之研究，以及單一詩人及其作品之研究二類。前者有唐一明〈清代巡臺御史傳略及詩錄〉〔註 19〕、〈清代巡臺御史傳略（續）〉〔註 20〕；謝崇耀《清代臺灣宦遊文學研究》一書有專論巡臺御史詩人群之章節〔註 21〕，而謝氏另有《月映海內灣——清領時期的宦遊文學》一書，有部分巡臺御史詩人之簡述，主要從前書發展、統整而來，論點與架構並無太大的變動〔註 22〕。近期有林淑慧〈觀看海外邊陲：巡臺御史的論述

〔註 17〕王雲洲指出，尹氏對於清代制度仍有許多認識不清，如 52 頁認為地方官全由吏部銓選，臺灣由福建巡撫遴選乃特殊之處。按清代制度，地方官中缺、簡缺多由吏部；要缺、最要缺或特殊地區，由督撫遴選，臺灣官員並無跳脫清代任用制度。見王雲洲：〈評尹全海著《清代渡海巡臺制度研究》〉（《臺灣史研究》第 19 卷第 1 期，2012 年 3 月），頁 198。

〔註 18〕王雲洲：〈評尹全海著《清代渡海巡臺制度研究》〉，頁 196。

〔註 19〕唐一明：〈清代巡臺御史傳略及詩錄〉（《史聯雜誌》第 13 期，1988 年 12 月），頁 60〜99。

〔註 20〕唐一明：〈清代巡臺御史傳略（續）〉（《史聯雜誌》第 16 期，1990 年 6 月），頁 28〜52。

〔註 21〕謝崇耀：《清代臺灣宦遊文學研究》，頁 153〜179。

〔註 22〕有黃叔璥、夏之芳、張湄、六十七、范咸、錢琦 6 位御史。謝崇耀：《月映海內灣——清領時期的宦遊文學》（臺南市：國立臺灣文學館，2011 年 12 月），頁 67〜101。

策略〉〔註 23〕，與御史的書寫相關。單一詩人之研究，則集中於詩歌數量較多的御史詩人，與本論文相關，張湄之研究有林文龍〈張湄與「瀛壖百詠」〉一篇〔註 24〕；六十七之研究有方豪〈乾隆初旅臺滿洲學人六十七〉〔註 25〕、吳盈靜〈一位滿裔漢人的臺灣詩情——論巡臺御史六十七及其詩作〉〔註 26〕及劉麗卿〈巡臺御史六十七在臺期間（1744～1747）之詩作論析〉〔註 27〕三篇；錢琦之研究有陳思穎〈來自大海的呼喚——論清初巡臺御史錢琦詩作中的海洋書寫〉一篇〔註 28〕，整體而言數量並不多。

（一）詩人群及其作品之研究

唐一明的〈清代巡臺御史傳略及詩錄〉，收錄歷任巡臺御史在臺任職期間所遺之詩作，每位御史並附有小傳；〈清代巡臺御史傳略（續）〉則記未有詩歌的御史事蹟，兩篇皆屬於資料彙整、考證的研究。詩輯共收錄 15 位巡臺御史的詩作，滿御史 4 人，漢御史 11 人，共詩歌 318 首〔註 29〕，收錄詩人與詩歌數量均少於《全臺詩》〔註 30〕，所錄詩歌亦有部分錯漏〔註 31〕，但此篇文章

〔註 23〕 林淑慧：〈觀看海外邊陲：巡臺御史的論述策略〉（《淡江中文學報》第 28 期，2013 年 6 月），頁 261～296。

〔註 24〕 林文龍：〈張湄與「瀛壖百詠」〉，頁 173～182。

〔註 25〕 方豪：〈乾隆初旅臺滿洲學人六十七〉，頁 1～20，亦收錄於氏著：《方豪六十至六十四自選待定稿》，頁 303～410。

〔註 26〕 吳盈靜：〈一位滿裔漢人的臺灣詩情——論巡臺御史六十七及其詩作〉，頁 99～115。

〔註 27〕 劉麗卿：〈巡臺御史六十七在臺期間（1744～1747）之詩作論析〉，頁 41～57。

〔註 28〕 陳思穎：〈來自大海的呼喚——論清初巡臺御史錢琦詩作中的海洋書寫〉，頁 211～242。

〔註 29〕 筆者按：原文「漢御史 12 人」，統計有誤，應為 11 人；「詩共 201 首」，經筆者勘誤重新統計，應為 318 首，皆於文中更正。

〔註 30〕 《全臺詩》共收錄御史詩人 17 位，詩作 501 首。參見全臺詩編輯小組編撰：《全臺詩》第 1、2 冊；全臺詩‧智慧型全臺詩資料庫：http://xdcm.nmtl.gov.tw/twp/b/ b02.htm（查詢日期：2012/10/23）。

〔註 31〕 張湄詩歌收錄之錯漏：〈鹿耳門〉1 首重覆收錄，〈澎湖〉（浩瀚乾坤不見山）與〈望向〉實為同 1 首，重覆收錄（見唐一明：〈清代巡臺御史傳略及詩錄〉，頁 74）；〈聚星亭〉與〈李氏園〉為同 1 首，亦重覆收錄（見頁 75、76）；〈蓮池潭〉則錯收了覺羅雅爾哈善〈六巡使見示長句卻寄〉，三首之二（千首討酬酒一瓶）及之三（自昔相看氣味真）2 首，〈再答六司諫〉並非張湄詩作，亦為錯收，另詩題〈五妃墓〉則錯植為〈王妃墓〉（見頁 75）。熊學鵬詩歌收錄之錯漏：〈放洋〉所錄 2 首，應合為 1 首（見頁 78）。范咸詩歌收錄之錯漏：〈檳榔〉首句缺字，應為「南海嗜賓門」（見頁 89）。錢琦詩歌收錄之錯漏：〈抵任〉第二首與〈抵石灣〉為同 1 首，重覆收錄（見頁 94、95）。湯世昌詩歌收錄之

仍是《全臺詩》出版之前，經過系統蒐集、整理的巡臺御史詩歌輯錄。

謝崇耀《清代臺灣宦遊文學研究》一書，第三章第三節專論御史文學與相關文士。全文關注巡臺御史群的文學發展，將御史文學視為朱一貴事件之後的另一波文學高峰，而歷任的巡臺御史，正是這股文學風潮的推動者，並注意巡臺御史在臺灣有集體文學活動的事實，並未因當局禁止結社而消失。此節主要著力於探討巡臺御史在臺任職期間的詩歌創作，謝氏將御史詩歌定調為太平盛世之時，閒散官員所作的承平之音、應酬之作，文中更以六十七所輯之《使署閒情》為例，認為巡臺御史是「相當清閒，得以夜夜笙歌的官銜」〔註32〕。御史文學主要發展於雍乾年間，是臺灣政局安定和平的時期，然而巡臺御史為中央直接派遣的監察官員，身負代天巡狩之重任，是否真是如此清閒的職位，有待進一步探討。謝氏將御史詩歌概分為五類加以討論，分別為 1. 歌頌聖朝，關係政治之作；2. 公暇即興，酬唱笙歌之作；3. 巡臺獵景，兼言風情之作；4. 渡臺紀行，遇事抒感之作；5. 長歌揭懷，恣意飛揚之作。分類較為簡略，可再詳究。另外，謝氏認為御史們秉其為官之本分，以弘揚教化為己志，是文學成就上的一大缺失。然而，酬答文學、弘揚教化，恐怕並不能全面的定義巡臺御史詩歌，御史文學的定位尚有待進一步討論。

謝氏另著有《月映海內灣——清領時期的宦遊文學》，對於本文論述中心的張湄、六十七、錢琦，謝氏認為，張湄之作主要展現宦遊詩的承平氣象，並提出其書寫原住民，多由觀察者角度欣賞，並未提及他們長久以來被漢人及官方欺壓的問題；六十七之詩則充分展現御史閒情，反映宦遊者閒來無事，舞文弄墨的情調；錢琦之詩，歌行體氣象磅礴，極富浪漫色彩，詩歌卻仍不脫皇化無外的帝國中心思想。謝氏特別指出，御史作詩不能忘情於政治手段，成就勢必受到拖累，並認為巡臺御史的文學成就，主要集中於夏之芳、張湄的百詠詩型態，以及范咸、錢琦的長篇歌行，至於其他酬唱、歌頌之作，史料價值則高於其文學價值。可知謝氏定義御史詩歌，主調仍為教化、酬答，除百詠詩、長篇歌行，其餘詩作的文學價值較低。但是教化、酬答之詩是否能全盤代表御史詩歌？而御史詩歌是否因為政治化思想較濃而無甚可觀？皆可再進一步討論。謝氏點出許多御史文學發展之關鍵，卻未深入剖析論述，有些論述則較為片面，留有許多研究發展空間，給筆者許多啟發，是本論文

　　錯漏：〈不待憫農篇〉並非詩題，與其後所錄之詩，皆為〈巡臺紀事五十韻〉之詩句（見頁97～98）。筆者按：以上勘誤，據《全臺詩》所錄為主。
〔註32〕謝崇耀：《清代臺灣宦遊文學研究》，頁156。

的重要參考資料。

林淑慧〈觀看海外邊陲：巡臺御史的論述策略〉一文，透過宮中檔、月摺檔、奏摺、諭旨等官方文書，以及《臺灣文獻叢刊》、《臺灣文獻匯刊》等詩文素材，探討巡臺御史觀看臺灣的視角以及空間移動的書寫，呈現巡臺御史文本的論述策略。御史因身分、職務的特殊，有從中央至「邊陲」巡行的機會，空間的移動影響其書寫，因此論述多著重於采錄風俗及治理建言。此論已點出巡臺御史書寫的特殊性，敘述詳要，然引用論述之素材主要為奏摺檔案，詩歌的相關引證不多，御史詩歌的部分，還可再深入析論。

（二）單一詩人及其作品之研究

此類研究主要集中於詩歌數量較多的御史詩人，與本論文相關的研究有張湄、六十七、錢琦。

張湄之相關研究有林文龍〈張湄與「瀛壖百詠」〉一篇，輯張湄今已散佚的詩集《瀛壖百詠》，去其重複，共收得 57 首〔註33〕，是《全臺詩》出版以前，較為完整的張湄百詠詩輯錄。文中對詩人張湄之生平、著作，以及《瀛壖百詠》一書的出版、亡佚情形，皆有簡要說明，除附錄所輯佚之詩歌，並附有《瀛壖百詠》之序、跋。

六十七之相關研究有三篇。方豪〈乾隆初旅臺滿洲學人六十七〉一文，對六十七生平事略、在臺政績、多種著作等均有簡要敘述，並指出其著作疑義之處與考證結果，是對「巡臺御史六十七」此一人物的全面研究；吳盈靜〈一位滿裔漢人的臺灣詩情——論巡臺御史六十七及其詩作〉，透過六十七赴任途中與在臺期間的詩作，考察其任官心情與在臺心境，並析論其采風詩歌，呈現出滿籍御史眼中的臺灣印象；劉麗卿〈巡臺御史六十七在臺期間（1744～1747）之詩作論析〉，則針對六十七的在臺詩作，分為詠物、應酬唱和、寫景、歲俗節慶、題畫、懷古等六類進行論析。吳文與劉文均以六十七之詩作為主要研究對象，吳文涉及詩人創作心境，而劉文則專論詩歌內容，均論述詳盡，是本論文的重要參考資料，然而兩者皆無注意六十七《使署閒情》之編集與價值，殊為可惜。錢琦之相關研究有陳思穎〈來自大海的呼喚——論清初巡臺御史錢琦詩作中的海洋書寫〉一篇，主要探討錢琦的海洋詩，分為海洋自然環境與海洋人文環境兩大方面分析，論述詳細，然作者以為錢琦詩集《澄碧齋詩鈔》已佚，並無注意到詩集當中的其他詩作。綜觀以上研究，

〔註33〕見林文龍：〈張湄與「瀛壖百詠」〉，頁 176～182。

每位詩人的研究篇數皆不多，各篇各有其析論焦點，亦有不足之處，尚有可以補足的研究空間。

第三節　研究範疇、方法與架構

　　本論文擬以張湄、六十七、錢琦三位巡臺御史為考察核心，探討清代巡臺御史詩歌的特殊視域，研究範疇、方法與架構詳述如下。

一、研究範疇

　　本論文擬以康熙 61 年至乾隆 52 年間（1722～1787），派遣來臺御史的在臺創作、與臺灣相關或與任職巡臺御史一職相關涉之詩作，為主要的研究範疇。由於巡臺御史詩人群為數眾多，為聚焦論述核心，筆者從中選擇傳世作品較多，並有完整詩集（或編集）的張湄（著有《柳漁詩鈔》12 卷）、六十七（編有《使署閒情》4 卷）〔註 34〕、錢琦（著有《澄碧齋詩鈔》12 卷）三位御史詩人為本文的考察核心。

二、研究方法

　　為能較為全面的析論巡臺御史詩作，筆者擬以劉若愚在《中國文學理論》中所提出的「作品構成四要素」為基本架構，進行研究。艾布蘭斯（M. H. Abrams）在《鏡與燈》中提出與一件藝術作品有關的四大要素：「宇宙、藝術家、作品、觀眾」，劉若愚據其修正為「宇宙、作家、作品、讀者」，專門應用在中國文學理論〔註 35〕，葉維廉亦推演此說，提出「世界、作家、作品、讀者」〔註 36〕，以上諸家所論之四大要素，各自獨立，卻又相互影響。劉若愚認為此四大要素之間的關係，正是構成文學藝術的四個階段過程：第一階

〔註 34〕《使署閒情》范咸序：「使署閒情者，巡臺給事六公輯臺江詩文成集而名之也。公本於使署之餘，作詩歌以適閒情，因有是集一卷；余與公修志時，已採入雜著中矣。既而志事已竣，公又搜得近時臺灣詩文若干首，不暇補入。公既珍惜此邦之文獻，且不忍沒人之長，因即移己之集之名以名之，而附己所作於後。」可知《使署閒情》雖為六十七所編，然其中一卷原本就是他自己的詩集，是以仍可將之視為六十七的作品集。見〔清〕六十七：《使署閒情》，臺灣文獻叢刊第 122 種（臺北市：臺灣銀行經濟研究室，1961 年），頁 1。

〔註 35〕劉若愚著；杜國清譯：《中國文學理論》（臺北市：聯經出版事業公司，1981 年），頁 13。

〔註 36〕游喚：《文學批評精讀》（臺北市：五南圖書出版公司，2008 年），頁 59。

段，宇宙影響作家，作家反映宇宙；第二階段，由於上述反映，作家創造作品；第三階段，當作品觸及讀者，它隨即影響讀者；第四階段，讀者對宇宙的反映，因閱讀作品的經驗而改變。〔註37〕循上述架構脈絡，筆者擬由宇宙（世界）、作者、作品、讀者四大面向切入研究。

　　所謂宇宙（世界），可以理解為作家所面臨的存在空間、歷史環境，與經歷事件。清廷在臺灣設置巡臺御史，有其時代性與特殊性，朝廷對御史們的期待，以及御史詩人面對自我官職的調動與存在空間的劇變，詩人和宇宙如何相互反映與影響。由此筆者首先探討「巡臺御史」一職設立的歷史背景，並論述御史詩人與此官職之間的關聯與影響。其次以張湄、六十七、錢琦三位御史詩人為主要研究對象，考其生平、經歷，析其詩觀、詩風，探究詩人如何反應宇宙，宇宙又對詩人產生怎樣的影響。再其次探討由作家所創造的作品，進一步釐清作品與宇宙、詩人的關聯。最後，從御史詩歌剖析個別詩人的創作視角，進而歸納出巡臺御史詩歌的獨特性。

　　巡臺御史因公任職來臺，官員身分深深影響著他們的詩歌視域，而創作空間的改變，也反映在他們的作品當中。「視域」（horizon）一詞，本意為地平線，意即從某一立足點出發，所能看到的一切區域，以此來標示思想、有限規定性的聯繫，以及擴展看視範圍的步驟規則。〔註38〕欲深入了解御史文學，分析巡臺御史詩人的詩歌視域，是必要的。個人必須在其歷史的存在之中展開理解活動，由歷史所形成的「地平線」，決定了一個人的理解視野，因此「視域」也可以理解為一種「成見」，加達默爾（Gadamer）以正面的涵義解釋「成見」，認為「成見」是人類的歷史真實存在狀態，是理解外在世界的基本視野。巡臺御史詩人有其獨特的歷史背景與個人經歷，他們以官員的身分巡臺，因此形成了他們獨有的「視域」。欲析論巡臺御史詩人，必須回歸、理解他們的觀點與視野，釐清各種「視域」的交疊與錯顯，方能對御史詩歌作出適當的評價。

三、研究架構

　　本論文分為六章，除首尾兩章為緒論與結論外，正文共計四章。首章為緒論，闡述本篇論文的研究動機與問題意識，整理、回顧相關文獻，檢討前

〔註37〕劉若愚著；杜國清譯：《中國文學理論》，頁 14。
〔註38〕Hans-Georg Gadamer 著；洪漢鼎譯：《真理與方法：哲學詮釋學的基本特徵》（臺北：時報文化，1993 年），頁 397。

人研究得失，並設定本論文的研究範疇，提出研究方法與架構；第六章為結論，總結全文。

　　第二章為御史文學的形成與發展。此章起始正文，從「巡臺御史」一職切入，探討曾任巡臺御史的詩人們與此官職之間的連結與影響，以及他們在臺灣的詩歌發展與文學活動。「巡臺御史」的設置，顯示出清廷的對臺態度與政治思考，這樣的思維，也反映在派遣來臺的御史身上。分析中央如何特意挑選來臺御史，並賦予他們監察職務與教化重任，從而建構出御史詩人的基本詩歌視域。在派遣御史巡臺的六十餘年之間，御史文學如何形成與發展，以及他們在臺灣文學活動之意義，都將於本章進行討論。

　　第三章為巡臺御史詩人及其詩集著作。論述「御史詩人」，以張湄、六十七、錢琦三位御史為主要考察對象。雍正 5 年（1727），巡臺御史開始兼理學政，來臺御史大多為文藝嫻熟之士，其中詩人輩出，開啟御史文學的極盛時期。三位御史詩人的來臺時期正是乾隆年間，御史詩歌發展最盛之時，張湄與錢琦為專責學政之漢籍御史，皆有詩名，六十七則為少數雅擅詩歌的滿籍御史，他們不僅善詩，且都有詩集傳世：張湄著有《柳漁詩鈔》12 卷，六十七編有《使署閒情》4 卷，錢琦著有《澄碧齋詩鈔》12 卷。本章以三位御史詩人為主，考究其生平經歷、仕宦軌跡、詩歌風格及後世評價，並考察他們現存之詩集，期能從中梳理出更多詩人、詩作之相關資料，以為後續研究之基礎。而六十七《使署閒情》為編集，將一併探討其選輯標準與意義。

　　第四章為巡臺御史詩歌的題材分析。以「詩歌」為論述主體，分析巡臺御史詩作的主要類型。以張湄、六十七、錢琦三位詩人之作品為考察核心，根據詩人活動與詩歌內容，概分為以下五大類型。（一）巡臺紀行：主要書寫御史來臺赴任、抵臺就任以及卸任離臺途中之感懷與心境。（二）巡行教化：主要描述御史巡行臺灣南北二路途中所見所感，紀錄了御史出巡的主要職責與考察情形，表現出他們身負帝國聖諭的使命，以及作為統治階層的觀察視角。（三）臺灣風物：主要記述御史巡臺所見之臺灣特有風俗、景色及物產。此類詩作有如《詩經》所言「采詩以觀風俗」，書寫別具意義，既是對臺灣風物的紀錄，也能提供中央統治者作為參考。（四）雜感抒懷：主要抒發御史詩人來臺任官的雜感情懷。紀錄了他們離鄉背井，難以排遣的憂情愁緒，也寄寓了來臺從宦的心志抱負，也有描寫為官閒情之作。（五）雅集酬唱：主要紀錄御史詩人的官方酬答，以及他們在臺灣的文學活動與交遊情形，應和酬答

之詩反映了詩人的為官仁心與政治抱負，也呈現在臺官員文學雅集的歷史實況。

　　第五章探討巡臺御史詩人的詩歌視域。以御史詩人的在臺創作、與臺灣相關或與任巡臺御史一職相關涉之詩作為主，分析張湄、六十七、錢琦三位詩人創作視野的異同。空間的移動，族群的不同，仕宦的經歷，甚至詩人的性格等，都可能影響他們對臺灣的觀感和書寫。綜觀三位御史的詩歌與創作視角，進而考察御史詩歌的獨特性：承平閒逸的情調、書寫空間的移動、觀風訓俗的使命，並推論這些書寫特色產生的可能因素，理解他們的詩歌視域，對御史詩歌作出客觀而適當的評價。

第二章　御史文學的形成與發展

　　「巡臺御史」詩人是一特殊的創作群體，他們雅擅文藝，身兼官吏與詩人的雙重角色，在清廷派任御史巡臺的六十餘年之間，創作頗豐，形成特殊的「御史文學」。

第一節　巡臺御史的設置與清廷的治臺態度

　　康熙 60 年（1721），臺灣發生大規模民變——朱一貴事件，全郡在短短七天之內陷落，文武官員相率逃竄。朝廷聞訊大為驚怒，事後除嚴懲相關官員之外，亦重新檢討現行的治臺政策。

一、巡臺御史的設置背景

　　推究朱一貴事件的爆發，主要原因在於臺灣吏治不良，貪汙腐敗。藍鼎元《平臺紀略》指出：

> 臺灣治亂之局，迴出人情意計之外。其地方數千里，其民幾數百萬，其守土之官，則文有道、有府、有縣令、大小佐貳雜職若干員，武有總兵、副將、參將、遊擊、守備、大小弁目若干員，其額兵七千有奇，糧儲、器甲、舟車足備。又當國家全盛，金甌靡缺，而朱一貴以餵鴨小夫，欻焉倡亂，不旬日間，全郡陷沒，此豈智能所及料歟！太平日久，文恬武嬉，兵有名而無人，民逸居而無教，官吏孳孳以為利藪，沈湎樗蒲，連宵達曙。本實先撥，賊未至而眾心已離，雖欲無敗，弗可得己。〔註1〕

<hr>

〔註 1〕〔清〕藍鼎元：《平臺紀略》，臺灣文獻叢刊第 14 種（臺北市：臺灣銀行經濟
　　　　研究室，1958 年），頁 29。

臺灣文武官員眾多，兵源、武備、糧儲亦足，又正值盛世，國家太平，竟發生七日之內全境淪陷的大規模民變，實在令人難以想像。藍鼎元認為，此次民變，並非駐臺人員數量與器械糧儲不足的問題，官吏貪汙、武備廢弛、民心叛離才是最主要的原因。連橫《臺灣通史》云：「夫臺灣之變，非民自變也，蓋有激之而變也。一貴之起，始於王珍之淫刑，繼由周應龍之濫殺；從之者眾，而禍乃不可收拾。」〔註2〕臺灣知府王珍掌管鳳山縣縣務，卻未親理其政，反而縱容其次子橫徵暴斂，致使百姓生怨，民心盡失，進而引發民變。右營游擊周應龍於平亂過程中放任屬下濫殺良民，百姓驚懼之下轉而投靠朱一貴，使朱陣營一時之間聲勢壯大。事件發生之初，官員隱匿不報，事到臨頭卻全無平亂的準備，甚至攜家帶眷先行逃亡，導致事變一發不可收拾。〔註3〕官員如此，足見臺地吏治之混亂。清代臺灣官員隸屬閩省，福建與臺灣一洋相隔，原本就難以有效監督管理，加上臺地昇平日久，人心苟安，軍備鬆弛，絲毫沒有作戰的準備。官員們恃居海外，不肯盡心任職，無所作為便罷，不肖者「平日但知肥己，剝剝小民」〔註4〕，「享榮華，靡祿俸，無事則耀武揚威，小警則垂頭喪氣，養成叛亂」〔註5〕，種種怠忽職守，甚至強權貪汙、壓榨地方的行徑，日積月累造成民心思變，進而群起反抗。

朱一貴事件發生於四月，消息在六月方才傳至京師。〔註6〕官員未能在民變發生的第一時間作出處置，反而爭先潰逃，都突顯了朝廷對臺灣官員的監控不足，以致官員怠忽職守，任意妄為；朝廷對臺灣事務的聞知亦不夠即時，無法快速有效的擬定應對策略。為了解決臺灣吏治不良，以及地處遙遠，訊息難聞的問題，清廷決定建立御史巡察臺灣制度，監察臺灣官員，以強化

〔註2〕 連橫：〈林爽文列傳〉，《臺灣通史》卷31，列傳3，臺灣文獻叢刊第128種（臺北市：臺灣銀行經濟研究室，1962年），頁826。

〔註3〕 「知府王珍匿情不報，縱役生事；遊擊周應龍縱番妄殺，又戰敗逃回：罪俱重大。臺廈道梁文煊、同知王禮，事前通同隱匿，臨時一無備御，退回澎湖：罪均難逭。」見《清聖祖實錄選輯》，康熙60年8月22日條，臺灣文獻叢刊第165種（臺北市：臺灣銀行經濟研究室，1963年），頁174。

〔註4〕 〔清〕黃叔璥：《臺海使槎錄》卷4，臺灣文獻叢刊第4種（臺北：臺灣銀行經濟研究室，1957年），頁89。

〔註5〕 〔清〕藍鼎元：〈論臺變武職罪案書〉，收入〔清〕藍鼎元：《東征集》卷3，臺灣文獻叢刊第12種（臺北市：臺灣銀行經濟研究室，1958年），頁44。

〔註6〕 「大清康熙六十年辛丑夏四月，臺灣奸民朱一貴作亂」、「臺灣警報於六月至京師」。見〔清〕藍鼎元：《平臺紀略》，頁1、17。

對臺治理，並確保中央能快速獲得一切信息。〔註7〕除了吏治問題，臺灣不穩定的社會風氣也間接激化動亂產生，劉妮玲認為，清代臺灣民變的實質起因多在於社會本身，移墾社會之流寓臺民桀驁難馴，加以吏治不良、班兵腐敗，逐動輒滋事。〔註8〕臺灣為移民社會，五方雜處，流民充斥，民風悍戾，「非餘兵逋寇，即逃犯奸民；既非土著，並無家籍，鷹眼狼心，尚多未化，又難於撫御之眾」〔註9〕而原住民及閩、粵等移民之間的經濟競爭與利益衝突，更造成族群間的緊張，導致民變、械鬥頻仍，素為難治之區。「平臺匪易，而安臺實難」〔註10〕，如何安定臺島，使其不亂，也是清廷極為關注的部分。設置「巡臺御史」，成為朱一貴事件之後，清廷調整治臺政策的方針之一。

二、清廷的治臺態度

「巡臺御史」，全稱為「滿漢監察御史巡察臺灣」，此制度確立於康熙 60 年（1721），至乾隆 52 年（1787）正式廢止，歷經康熙、雍正、乾隆三朝，前後六十餘年。〔註11〕巡臺御史的設置，標誌著中央朝廷權力的直接介入。巡臺御史為中央直接派遣的監察官，是皇帝欽點的「欽差」，其地位可「與督撫平行」〔註12〕，官秩雖然不高，但由於是代天巡狩，故權力不小。何孟興

〔註7〕　「每年自京派出御史一員，前往臺灣巡查。此御史往來行走，彼處一切信息可得速聞。凡有應條奏事宜亦可條奏，而彼處之人皆知畏懼。至地方事務，御史不必管理也。」見《清聖祖實錄選輯》，康熙 60 年 10 月初 5 日條，頁 175。

〔註8〕　劉妮玲：《清代臺灣民變研究》(臺北市：國立臺灣師範大學歷史研究所，1983年)，頁 1～3。

〔註9〕　〔清〕季麒光：〈條陳臺灣事宜文〉，見〔清〕陳文達撰：《臺灣縣志》，〈藝文志十〉、〈公移〉，臺灣文獻叢刊第 103 種(臺北市：臺灣銀行經濟研究室，1961年)，頁 229。

〔註10〕　〈國朝蔡世遠再與滿總督保書〉：「夫平臺匪易，而安臺實難。臺灣五方雜處，驕兵悍民，靡室靡家，日相哄聚，風俗侈靡……。」見《福建通志臺灣府》，〈風俗（歲時氣候附）〉，臺灣文獻叢刊第 84 種(臺北市：臺灣銀行經濟研究室，1960 年)，頁 215。

〔註11〕　巡臺御史制度確立於康熙 60 年（1721），康熙 61 年（1722）才正式派遣首任御史吳達禮、黃淑璥；乾隆 47 年（1782）召回末任御史賽岱、雷輪，此制名存實亡，至乾隆 50 年（1785）方正式廢止。因而其確切年份計算，有多種不同的算法。此制度的實行大致為 60 餘年。參見《清聖祖實錄選輯》，康熙 60 年 10 月初 5 日條，頁 175；《清高宗實錄選輯》，乾隆 52 年 12 月 17 日條，臺灣文獻叢刊第 186 種(臺北市：臺灣銀行經濟研究室，1963 年)，頁 510。

〔註12〕　「御史專稽察非常，整飭營務，不干預地方事，如有條奏，照本衙門例行，

指出，巡臺御史是中央集權體制下，皇帝欲有效、明確的控制地方，所推展的一種「以臂使指」的工具，藉由巡臺御史的題奏，而得以「聯海外於內地，使之血脈相通、呼吸相應」，達到上令下行、下情上達、信息速聞、臺灣官員知所畏懼的目的。〔註13〕尹全海亦認為，「御史巡臺」取代之前福建官員的「隔海遙制」，是皇權直接介入對臺灣的管轄，加強朝廷對臺灣的實際控制能力。〔註14〕派遣巡臺御史，也顯示清廷對臺灣的日漸重視。康熙22年（1683），清廷將臺灣收入版圖，當時對臺灣的認識是很模糊的，甚至認為臺灣屬海外地方，「僅彈丸之地，得之無所加，不得無所損」〔註15〕，經施琅等大臣上奏剖析利弊，極力爭取，基於邊防安全的考慮，方才勉強保留，設置郡縣，派員治理。〔註16〕清初治臺的防範心理大過於經營，並無積極治理與開發之意，僅求無亂即可，可謂十分消極。隨著時間推移，清廷的治臺態度漸有改變，康熙帝曾云：「閩省海疆與臺灣相近，總督職任必得才兼文武之人乃可。」〔註17〕其時臺灣地區隸屬閩省，清廷對閩省官員人選的重視，或許是有感於臺地民風悍戾，大小亂事不斷，必須嚴格管理，加緊彈壓，以固東南海疆，這樣的思考，畢竟還是以閩省的安定為優先。隨著清廷對臺認識漸深，也逐漸感知其戰略位置的重要：「朕思臺灣、澎湖之地關係甚大。」〔註18〕不論如何，經過朱一貴事件如此大規模的民變，迫使清廷不得不正視臺灣問題，檢討對臺政策。御史巡臺制度的建立，顯示中央對邊地海疆投以相當程度的重視，政策調整雖仍顯被動，然治臺態度有漸趨積極的傾向。〔註19〕

一年而替，如巡鹽例，後巡察同，乾隆元年後多省，而臺灣如故。凡巡察與督撫皆平行。」見〔清〕蕭奭撰；朱南銑點校：《永憲錄》卷1，「始命滿漢監察御史巡察臺灣」條（北京市：中華書局，1997年），頁8。

〔註13〕何孟興：〈清初巡臺御史制度之研究〉，頁207。

〔註14〕尹全海：《清代渡海巡台制度研究》，頁73。

〔註15〕〔清〕王先謙撰：《東華錄選輯》，康熙22年丁未（10日）條，臺灣文獻叢刊第262種（臺北市：臺灣銀行經濟研究室，1969年），頁276。

〔註16〕施志汶：〈清康雍乾三朝的治臺政策〉（臺北：國立師範大學歷史研究所碩士論文，2001年），頁20～22。

〔註17〕〔清〕王先謙撰：《東華錄選輯》，康熙45年甲戌（17日）條，頁289～290。

〔註18〕同上註，康熙51年甲辰（25日）條，頁295。

〔註19〕清廷的治臺政策是被動的，通常在臺灣發生問題之後才會進行調整，然整體而言有漸顯積極的趨勢。羅福惠序：「其先或因『海權』觀念的淡薄而對臺灣採取『隔海遙制』之勢，放手讓臺灣地方官治理該地；1721年朱一貴起義後設置巡臺御史；1786林爽文起義後，改變為福建大員輪值巡臺；1874年發生日本首次侵臺事件後又改為閩撫駐臺；而1884年發生中法戰爭，翌年就有臺

第二節　巡臺御史的遴選與派遣

　　巡臺御史屬中央監察官員，為皇帝「欽差」，臺灣又是東南海疆邊防的重要區域，朝廷對巡臺御史的遴選與派遣十分慎重。

一、巡臺御史的遴選

　　巡臺御史之職，滿、漢各置一員，駐臺灣府臺灣御史衙門（察院衙）。〔註20〕人員由都察院遴選、開列名單，請旨派遣，再由皇帝欽點。初期的御史人選，從都察院之下的十五道監察御史中遴選開列；雍正元年（1723），六科給事中改隸都察院，科道合一，御史人選遂從所有科道官員當中一併開列。〔註21〕

　　科道官員主司監察，為「天子耳目」，責任重大，因此朝廷對科道官員的考選相當嚴格。選任科道首重人品道德，「若言官正，則外吏自不敢肆行貪婪」〔註22〕。科道尤先正己，清廉自持，奉法秉公，更須不畏權貴，言所當言，「上之則匡過陳善，下之則激濁揚清，務求知無不言、言無不盡，乃稱厥職」〔註23〕。其次講究出身，以篩選官員的素質，其中滿、漢的遴選標準又有所不同。漢籍官員必須出身科舉正途，方有考選資格，若非正途出身，雖經保

〔註20〕何孟興：〈清初巡臺御史制度之研究〉，頁54。

灣建省。……清王朝對臺灣的管轄行政，在制度設計和實施上雖然體現出某種程度的被動和滯後，但總體上還是因時勢變化而加以改進的。」見尹全海：《清代渡海巡台制度研究》序1，頁2。

〔註20〕何孟興：〈清初巡臺御史制度之研究〉，頁54。

〔註21〕都察院為中央監察機構，其下統有十五道，每道均設有掌印監察御史及監察御史，御史名額各道並不相同。雍正元年，將吏、戶、禮、兵、刑、工六科併入都察院，六科皆設有滿、漢掌印給事中、給事中。除以上職掌，另有自科、道派遣，為監察特殊事務或特殊地區而設置的監察御史或給事中，其中巡臺御史即是為監察特殊地區而特設的監察官。此類監察工作乃是根據需要而派遣御史與給事中出任，因此先後有裁撤或停差的情形。見趙爾巽等撰：《清史稿》，卷121，志96，職官2，都察院條，收入《續修四庫全書》第296冊（上海：上海古籍，2002年），頁372～374；古鴻廷：《清代官制研究》（臺北市：五南圖書出版股份有限公司，2005年），頁88～94；尹全海：《清代渡海巡台制度研究》，頁61～63。

〔註22〕康熙19年（庚申）3月：「辛未，諭吏部，比來言官言事，鮮非無因，意所不欲，即行彈劾。倘遇勢要之人，縱知其貪穢，亦不肯糾參，總由心術不正之故。若言官正，則外吏自不敢肆行貪婪矣。」見《大清聖祖仁（康熙）皇帝實錄》第2冊（臺北市：華文書局，1964年），卷89，頁1194。

〔註23〕見《大清聖祖仁（康熙）皇帝實錄》第2冊，卷83，康熙18年（己未）8月，頁1118。

舉，亦不准考選；〔註24〕滿籍官員則不在此限。〔註25〕另外，漢籍官員必須通過「行取」，即經由大臣推薦保舉，方得考選；滿籍官員則不需考選，直接論俸敘升。〔註26〕以巡臺御史為例，根據何孟興的統計，歷任47位巡臺御史，滿籍22人，漢籍25人。其中漢籍御史進士出身者就有23人，僅2人出身舉人；滿籍御史除3人可考為舉人出身，其餘多非出身正途，大部分是由筆帖式〔註27〕、內閣中書或內閣侍讀等官，一番仕歷後，經保送候簡，方得位列台臣。〔註28〕資歷亦是科道考選極為重視的部分，不論滿籍、漢籍，都不是一開始就能躍升擔任科道官職，在此之前必須有一定的仕宦歷練。順治年間，即強調科道官可從有經驗的外官之中挑選；〔註29〕康熙帝亦認為，以曾任外

〔註24〕 清代官員出身，有正途、異途之別：「凡滿、漢入仕，有科甲、貢生、監生、廕生、議敘、雜流、捐納、官學生、俊秀。定制由科甲及恩、拔、副、歲、優貢生、廕生出身者為正途，餘為異途。異途經保舉，亦同正途，但不得考選科、道。非科甲正途，不為翰、詹及吏、禮二部官。惟旗員不拘此例。」見趙爾巽等撰：《清史稿》，卷116，志91，選舉5，頁345。漢籍官員若非正途出身，不得考選科道：「漢官非正途出身者，雖經保舉，不准考選。」「捐納歲貢，不准做正途考選。」見〔清〕松筠纂：《欽定臺規二種》第2冊，卷39，通例1，收入《故宮珍本叢刊》第316冊（海口市：海南出版社，2000年），頁545。

〔註25〕 「漢員保送御史例需考試，滿員則向不與考。」見〔清〕崑岡等修；〔清〕劉啟端等纂：《欽定大清會典事例》，卷52，吏部36，滿洲遴選，科道員缺條，收入《續修四庫全書》第798冊（上海：上海古籍，2002年），頁772。「旗人出仕為官，根本無所謂出身正途異途之別，因為異途無須經過保舉，皆得同正途出身，等於不需有任何資格。旗人若為正途出身，不但入仕途徑放大，將來升遷機會亦因之加寬。」見陳文石：〈清代滿人政治參與〉（《中央研究院歷史語言研究所集刊》48：4，1977年），頁538；亦收錄於氏著：《明清政治社會史論（下冊）》（臺北市：臺灣學生，1991年），頁663～664。

〔註26〕 「科道……漢官皆由行取考選補授，惟滿官論俸敘升。」見〔清〕松筠纂：《欽定臺規二種》第2冊，卷39，通例1，頁545。

〔註27〕 《清史稿》：「滿人入官，或以科目，或以任子，或以捐納、議敘，亦同漢人。其獨異者，惟筆帖式。京師各部、院，盛京五部，外省將軍、都統、副都統各署，俱設筆帖式額缺。……六部主事，額設百四十缺，滿、蒙缺八十五，補官較易。筆帖式擢補主事，或不數年，輒致通顯。」因此筆帖式有「滿員進身之階」之稱。見趙爾巽等撰：《清史稿》，卷116，志91，選舉5，頁348。

〔註28〕 何孟興：〈清初巡臺御史制度之研究〉，頁45。

〔註29〕 「順治元年，定考選給事中、監察御史，以大理寺評事、太常寺博士、中書科中書、行人司行人，歷俸二年者，及在外俸深有薦之推官、知縣考取，若遇缺急補，間用部屬改授。」見〔清〕松筠纂：《欽定臺規二種》第2冊，卷39，通例1，頁544。

官者擔任科道,較能體察民瘼,熟諳民情,能據實指陳,剖析利弊,對政事較有助益。〔註30〕康熙 44 年（1705）更進一步規定:「行取知縣非再任者不得考選科道」〔註31〕,意即知縣必須是三年任滿再任,方具備考選科道的資格,足見朝廷對科道官員政務經歷的重視。

　　由上述可知,科道官員的考選,必須人品正直,操守廉潔,學識淵博,並通達政務,如此針對人品、學識、能力的嚴格遴選條件,足見入選擔任科道者,實為官員之中的佼佼者,尤其是限制必須為科舉出身的漢籍科道,大多為進士出身,學識豐贍,如雍正 5 年（1727）,雍正帝將臺灣學政改由漢籍巡臺御史專責,便是著眼於漢御史嫻熟文藝之故。巡臺御史從六科十五道官員之中開列,更是萬中選一,如首任御史黃叔璥,即以廉明、有才識,獲任巡臺御史。〔註32〕

二、巡臺御史的派遣

　　巡臺御史制度建立初期,清廷對其寄予厚望,任命與派遣皆十分慎重,賦予巡臺御史很大的監察權力,指示御史們務必鉅細靡遺的陳奏所聞所見。〔註33〕具摺密奏對科道官員來說,是皇帝賦予的權力,也是一種義務,乃應盡之職責。〔註34〕巡臺御史離京出發之前,照例須赴皇宮「恭聆聖訓」,即赴任前皇帝對御史的指示與期勉,有時皇帝為了表示對御史巡臺的重視,還會

〔註30〕《欽定皇朝通典》:「舊例科道之員,行取在外有司補授。因有司乃親民之官,諳悉民間利弊,得以據實指陳,有裨政治,且外官內擢,足以鼓勵人才,振興吏治。今後科道缺出,可移文督撫,有司內舉賢能素著者,咨部行取來京,朕親選用。」見〔清〕乾隆三十二年敕撰:《欽定皇朝通典》,卷20,選舉3,選舉制（文選）,收入《景印文淵閣四庫全書》第 642 冊（臺北市:臺灣商務,1984 年）,頁 261～262。

〔註31〕見趙爾巽等撰:《清史稿》,卷8,本紀8,聖祖3,頁 124。

〔註32〕「（康熙）61 年,始設巡視臺灣御史滿漢各一員,廷議以叔璥廉明,與吳達禮同膺是命。」見連橫:《臺灣通史》卷34,列傳6,循吏列傳,頁 940。

〔註33〕康熙下旨:「應奏事宜亦可條奏,而彼處之人皆知畏懼。」見《清聖祖實錄選輯》,康熙 60 年 10 月初 5 條,頁 175。雍正帝曾諭科道:「爾等科道諸臣,原為朝廷耳目之官,凡有所見,自應竭誠入告,絕去避嫌顧忌之私,乃為忠藎。」見《大清世宗憲（雍正）皇帝實錄》第 1 冊,卷4,雍正元年（癸卯）2 月（臺北市:華文書局,1964 年）,頁 77。乾隆亦曾指示:「御史為朝廷耳目之官,平日於各省案件及地方官辦理不能妥協之處,苟有訪聞,俱當據實陳奏。」見《清高宗實錄選輯》,乾隆 17 年 5 月 12 日諭,頁 90。

〔註34〕葉信亨:〈清朝初期監察制度的運作與奏摺文書的形成〉（國立臺灣師範大學歷史學系研究所碩士論文,2009 年）,頁 104。

親自為御史擇訂離京赴任的良辰吉日，或御賜「克食」〔註35〕等，充分顯示巡臺御史在初期所受的帝寵。〔註36〕巡臺御史的官秩並不高，能確切落實監察重任，地位能與督撫平行，除其代天巡狩的「欽差」身分，最主要還是皇帝的信任與授權。〔註37〕

　　乾隆年間，由於採買臺穀輸閩的爭議，與其後閩省巡撫陳大受密劾臺灣御史衙門的積弊案件，導致朝廷對巡臺御史的信任度大幅衰減，乾隆帝除了將乾隆5年（1740）以後的巡臺御史全都交部嚴察，甚至開始質疑巡臺御史之職是否有存在的必要，自此，巡臺御史地位一落千丈，動輒得咎。〔註38〕御史巡臺制度亦於乾隆17年（1752）改制，改為三年一次命往，事竣即回，不必留駐候代，從此御史不再長期駐臺。〔註39〕巡臺御史之任期，初期為一年，若巡臺期間表現良好，朝廷會再命其留任一至二年；乾隆17年（1752）以後，巡臺御史改為三年一次命往，事竣即回；至乾隆30年（1765）再改為因時酌遣，形同虛設；〔註40〕此制最終在乾隆52年（1787）正式廢止。〔註41〕根據尹全海的統計，以乾隆17年（1752）為界，前期御史巡臺時間為一至三年，大多數為二年；後期巡臺時間驟減，僅三個月至半年。

〔註35〕「克食」，滿語原意為「恩惠」，後來凡是皇帝御賜茶點等物，以示恩寵，皆稱賜克食。見陳捷先：〈禪濟布巡臺事蹟考〉（《臺北文獻》直字第61、62合刊，1983年3月），頁107。

〔註36〕何孟興：〈清初巡臺御史制度之研究〉，頁49。

〔註37〕關於科道員的品級：十五道掌印監察御史，初制，滿、漢均為三品；順治16年改為七品；康熙6年陞為四品，九年復為七品；雍正7年，改由編修、檢討、郎中、員外郎授者為正五品，由主事、中、行、評、博授者為正六品；乾隆17年俱定為從五品。六科掌印給事中，初制為滿四品、漢七品；康熙2年改滿員為七品，6年復改為四品，9年再改為七品；雍正7年俱陞作正五品。給事中，初制七品，雍正7年陞為正五品。可知巡臺御史品級在四、五品，相較於一、二品的總督、巡撫，官秩並不高。參見趙爾巽等撰：《清史稿》，卷121，志96，職官2，都察院條，頁372～374。

〔註38〕由於採買臺穀事件，乾隆帝對巡臺御史產生疑慮，此時福建巡撫陳大受又密摺彈劾巡臺御史衙門之積弊過失，更加深了皇帝對巡臺御史的不信任。此二事件對御史巡臺制度造成深遠的影響，此後皇帝對巡臺御史不若以往重視、信任，也開始更動巡臺制度。臺穀採買事件與閩撫彈劾事件之經過見何孟興：〈清初巡臺御史制度之研究〉，頁119～129。

〔註39〕見《清高宗實錄選輯》，乾隆17年6月初4日條，頁92。

〔註40〕「巡視臺灣御史……嗣後屆三年請派之期，該衙門仍照例奏請，或暫停派往、或數次後派員一往巡查；候朕隨時酌量辦理。」見《清高宗實錄選輯》，乾隆30年5月初3日條，頁141。

〔註41〕見《清高宗實錄選輯》，乾隆52年12月17日條，頁510。

〔註42〕前期的巡臺御史，由於受到朝廷重視，帝寵隆盛，權力較大，駐臺時間較長，能有足夠的時間履行職務，並進一步有所建樹改革，可以說是充分落實了朝廷最初派遣御史視察臺灣的目的；而後期的御史，不受皇帝信任，動輒得咎，權力遭到削減，加上駐臺時間大幅縮短，難以有所作為，巡臺已流於形式。這種現象也反映在御史詩人在臺的詩歌創作數量上，乾隆 17 年（1752）之前，作品大量產出的御史詩人較多，其後不論詩人、詩作均十分零星（見頁 28～29，附表一）。

第三節　巡臺御史的職務與詩歌

　　巡臺御史奉欽命巡臺，身負天子耳目，糾舉失職之重任，其「御史」身分與職掌事務，深刻影響著御史詩人的詩歌視域及創作心態；而巡臺御史多雅擅文學，本身的詩才，使他們的巡臺詩歌頗有可觀。

一、巡臺御史的職務

　　巡臺御史代天巡狩，權力不小，其職權範疇也很廣泛。康熙初年設置巡臺御史之時，希望「此御史往來行走，彼處一切信息可得速聞。凡有應條奏事宜亦可條奏，而彼處之人皆知畏懼。至地方事務，御史不必管理也。」〔註43〕雍正帝曾指示：「應奏聞之事，絲毫莫隱，據實入告。」〔註44〕乾隆帝亦曾要求「所有該地方一切事務，皆應實力查察，隨時據實奏聞。」〔註45〕皆強調「一切事務」均須戮力實察，「一切信息」皆須據實回報，可見巡臺御史的職責，實際上頗為繁重，但卻十分籠統，並無明確的專責職務。根據前人研究，可歸納出歷任巡臺御史的主要職務：（一）實力查察，彈劾官員疏職不法。（二）據實奏聞，對現行治臺政策提出建議。（三）巡行南北二路，探訪民隱，曉諭官民，撫理番眾。（四）兼理學政，倡導文教，匡正禮俗。（五）盤點錢糧，清理訴訟。（六）校閱水陸營伍。〔註46〕御史巡臺，循例辦理以上事務，而如

〔註42〕尹全海：《清代渡海巡台制度研究》，頁 115～117。

〔註43〕《清聖祖實錄選輯》，康熙 60 年 10 月初 5 條，頁 175。

〔註44〕見雍正 2 年閏 4 月 21 日，巡視臺灣監察御史禪濟布、丁士一「奏謝天恩蒙賜克食貂皮並報接任日期」摺硃批，收入國立故宮博物院編：《宮中檔雍正朝奏摺》第 2 輯（臺北市：國立故宮博物院，1978 年），頁 604。

〔註45〕《清高宗實錄選輯》，乾隆 46 年 12 月 17 日條，頁 253。

〔註46〕何孟興列出九項歷來巡臺御史的主要職掌工作：（一）和輯文武官弁、並訪察有無疏職不法。（二）巡行南北各地，稽查曉諭官民。（三）校閱水陸營

何辦理，以及辦理過程，有時也反映在御史詩人的詩歌當中，其中巡行南北二路、訪察原住民部落途中之所見所感，以及兼理學政，倡行文教禮俗等職，與御史的詩歌創作最為密切相關。御史依例於每年農隙之時，巡行南北二路，而與查察民情相關的「勸農」、「喜雨」、「巡行紀事」等，是御史詩歌的常見題材，詩中所見所感多來自巡行途中。如張湄〈冒雨勸農疊韻〉：「況當膏雨餘，篝車滿可許」〔註47〕，便是描寫巡察途中所見，雨水充足，農民豐收的景況；又如六十七〈喜雨〉：「共喜嘉澤濟枯荄」〔註48〕，喜農田得雨潤澤，百姓便能歡欣耕作；而錢琦〈東郊勸農〉：「爾農幸有田，曷弗勤菑畬」〔註49〕，則是曉諭農民，應盡本份勤力耕作。這些詩歌，除了記錄巡行所見，也是一種自我政績的紀錄，表現出御史作為統治階層的詩歌視域。這樣的視域在書寫原住民風俗時，愈加強烈的表現出來，如張湄〈衣服〉：「鳳頭龍尾好衣裾，錦繡偏諸謝不如。若使賈生來此地，未知流涕更何如。」〔註50〕對原住民不愛錦繡衣服，偏要袒胸露體的風俗十分不解，認為此種風尚野蠻、未開化，而身負王命的御史，自然而然要當起「教化」他們的重責大任了。如錢琦描述原住民們「漸識衣冠好」〔註51〕、「琅琅師教讀」〔註52〕；張湄稱讚教化後的原住民「鴃舌能通先聖書」〔註53〕，都充分流露御史詩人的文化優越感與帝國視野，這是由於他們身為「御史」的責任使然，認為必須將中央的恩澤

弁，驗看操演陣勢。（四）盤點倉庫錢糧，報告糧價收成和參與臺米輸閩事。（五）巡歷各地番社，參與撫剿工作。（六）督飭捕盜緝匪，防止反清情事。（七）兼理學政事宜，倡導士風文教。（八）清理詞訟案件，參與要犯審訊。（九）探訪民隱，匡正禮俗。見何孟興：〈清初巡臺御史制度之研究〉，頁72～88。尹全海則列出四大項：（一）條陳臺灣事宜（包括調整治臺政策、設官建置、理番）。（二）參與地方事務（包括清理訴訟、查禁官庄、巡閱南北兩路）。（三）發展教育，推行教化。（四）巡閱營伍，鞏固海疆。見尹全海：《清代渡海巡台制度研究》，頁80～96。筆者根據以上資料，統整出六項主要職掌。

〔註47〕《全臺詩》第2冊，頁151。
〔註48〕〔清〕六十七：《使署閒情》，卷2，詩2，頁64；亦收入《全臺詩》第2冊，頁244。
〔註49〕〔清〕錢琦〈東郊勸農〉五首之三，見〔清〕錢琦：《澄碧齋詩鈔》，卷8，收入國家清史編纂委員會編：《清代詩文集彙編》第315冊（上海：上海古籍出版，2010年），頁329。
〔註50〕《全臺詩》第2冊，頁172。
〔註51〕〔清〕錢琦：〈新港番社〉，見《澄碧齋詩鈔》，卷8，頁332。
〔註52〕〔清〕錢琦：〈過東螺沙轆諸番社〉，同上註，頁333。
〔註53〕〔清〕張湄：〈番俗〉六首之四，見《全臺詩》第2冊，頁173。

施與海疆邊地，尤其是異文化的原住民，更應讓他們感受中土文化的美好，顯示出御史詩人培植文教的使命感。

二、巡臺御史的詩歌

　　巡臺御史兼理學政事宜，亦與他們的詩歌創作關係密切。雍正 5 年（1727）以後，改由漢籍巡臺御史兼理學政，主歲、科二試。〔註 54〕漢籍御史多為進士出身，嫻熟文藝，能品評詩文優劣，因此雍正帝後來改將學政事務交由漢籍御史專責，並在欽點御史之時，格外注重其文藝造詣。〔註 55〕其實，多數漢籍巡臺御史本身詩文俱佳，在當時就頗有文名，常與當代文人唱和，或編有文集，或有詩集付梓。如首任兼理學政的御史夏之芳，有〈臺灣雜詠百韻〉，對原住民殊風絕俗的描寫精緻入微，且辭藻優美，至可傳誦，蜚聲閩海。〔註 56〕又如張湄，著有《柳漁詩鈔》12 卷，湄善於詩，常與厲鶚等文人唱和，詩風「舂容華潤」，其巡臺期間的吟詠風物之作〈瀛壖百詠〉，臺灣道劉良璧曾推崇其作「歷歷如繪」、「光燄陸離，千態萬狀」，令觀者如讀山海經、水經注，並將之與蘇軾的海外奇文並論；連橫亦讚其「蜚聲藝苑，傳播東瀛」，有極高的評價。〔註 57〕又如范咸，著有《婆娑洋集》、《浣浦詩鈔》，然今已不傳，《全臺詩》僅錄其詩百餘首，其巡臺期間曾與滿籍御史六十七共同編纂《重修臺灣府志》，俗稱「范志」，此書體例完善，蒐采宏富，記述詳實，是臺灣方志特出之作。〔註 58〕再如錢琦，生平好吟詠，與袁枚相交五

〔註54〕雍正 5 年諭：「臺灣遠隔海洋，向來學政交與臺灣道兼管。朕思道員管理地方之事又兼學政，未免稍繁。應將學政交與派往巡察之漢御史管理，永著為例。」見《清世宗實錄選輯》，雍正 5 年 10 月 6 日條，頁 20。

〔註55〕雍正帝曾言：「前各省正副主考，朕皆視其人謹慎者命往，並未試其文藝，間有不能衡文者，此皆由中式之後，荒疎年久故耳，著將應差委之翰林，由進士出身之各部院官具奏，朕試以文藝差委。」見〔清〕乾隆十二年敕撰：《欽定大清會典則例》，卷 66，收入《景印文淵閣四庫全書》第 622 冊（臺北市：臺灣商務，1984 年），頁 183。

〔註56〕見國家圖書特藏組編；林偉洲、張子文、郭啟傳撰文：《臺灣歷史人物小傳——明清時期》（臺北市：國家圖書館，2001 年 12 月），頁 155～156；《全臺詩》第 2 冊，頁 98；陳支平主編：《臺灣文獻匯刊》第 4 輯，第 18 冊（北京市：九州出版社，2004 年）。筆者按：此組詩《全臺詩》作〈臺灣紀巡詩〉，陳漢光《臺灣詩錄》題作〈臺灣雜詠百首〉，《臺灣文獻匯刊》已收齊百首，題作〈臺陽紀遊百韻〉。

〔註57〕《臺灣歷史人物小傳——明清時期》，頁 182～183；《全臺詩》第 2 冊，頁 145。

〔註58〕同上註，頁 150；同上註，頁 253。

十年。袁枚評其詩「神清韻幽」，著有《澄碧齋詩鈔》12 卷，《別集》1 卷。〔註 59〕這些雅好吟詠，精通翰墨的御史詩人，巡臺期間的詩作數量，達到御史文學發展的高峰。何孟興依巡臺御史權任及派遣方式，分為四期：（一）初設巡察時期：康熙 60 年至雍正 5 年（1721～1727）（二）兼理學政時期：雍正 5 年至乾隆 17 年（1727～1752）（三）三年一巡時期：乾隆 17 年至乾隆 30 年（1752～1765）（四）因時酌遣時期：乾隆 30 年至乾隆 52 年（1765～1787）。將巡臺御史的詩歌數量與以上分期相互對照，可以發現御史詩人之詩作散見一至三期，且極大部分都集中於兼理學政時期（見頁 28～29，附表一）。這樣的現象顯示御史本身的學識及文采，與其詩歌創作數量有密切關係。

　　就乾隆 17 年（1752）之前的御史而言，獲選擔任此項職務，代天巡狩，是無上的光榮。然而，即使巡臺御史最長任期不超過三年，且獲選御史代表能力受到肯定，深得皇帝賞識信任，加上擔任海外邊地之職，有額外的俸祿加給，更可快速升遷〔註 60〕，但畢竟須遠離京城，前往偏遠邊地任職，而且還得橫跨令航海者聞之色變的黑水溝，御史們奉旨赴任，有欲成就利濟的遠大抱負，卻也難掩異鄉漂泊，孤守海疆的無奈傷感。如六十七〈乙丑立春〉：「會須遍播陽和意，島嶼民皆擊壤民。」〔註 61〕期望將君王恩澤施加海外，使邊疆和平，又如錢琦〈泛海〉：「我來銜命持羽節，要將帝德勤宣揚。兼恐奇才遺海外，一一搜採貢明堂。」〔註 62〕便是詩人在渡海之時，懷有宣揚帝國天威，為朝廷蒐羅才能之士的豪情壯志。詩人雖然離鄉背井，但仍不忘御史使命，懷有為天子鞏固海疆政權的抱負，以及向邊地官民宣揚天朝恩澤的熱忱。然而，臺灣畢竟僻處遙遠的東南海疆，詩人雖有雄心抱負，卻也不免為了要遠離家鄉、遠離京城、離開政治權力中心而鬱悶，時有放逐之

〔註 59〕《臺灣歷史人物小傳——明清時期》，頁 341～342；《全臺詩》第 2 冊，頁 319。

〔註 60〕「康熙 33 年題准，臺灣各官，均令遴選調補，三年俸滿，如能稱職，以應升之缺即用。」見〔清〕崑岡等修；〔清〕劉啟端等纂：《欽定大清會典事例》，卷 65，吏部 49，漢員遴選，臺灣調補條，頁 153。觀歷任巡臺御史，在臺任滿後，多升任他職。如雍正 13 年（1735）御史嚴瑞龍，任滿升任湖南按察使；乾隆 8 年（1743）御史熊學鵬，任滿隔年升任太常寺少卿等皆是。參見《臺灣歷史人物小傳——明清時期》，頁 363、296。

〔註 61〕〔清〕六十七：〈乙丑（1745）立春得春字，二首之二〉，見《全臺詩》第 2 冊，頁 240；《使署閒情》作〈乙丑立春〉，頁 60。

〔註 62〕《全臺詩》第 2 冊，頁 326。

感。如張湄〈秋夕〉：「滄波催白頭，作客老未慣。……夜夜五更初，角聲似孤雁。」〔註 63〕即寫詩人深夜鄉愁不斷，又如錢琦〈鯽潭霽月〉：「冰心徹底誰憐取，留得清光在海邊。」〔註 64〕則寄寓了詩人遠離君王，孤守海疆的鬱鬱幽思。

第四節　巡臺御史在臺灣的詩歌發展與文學活動

　　清代初年，臺灣本地文人尚未成氣候，此時期可謂是外來宦遊文人的獨大期。〔註 65〕隨著巡臺御史制度的建立，能文善詩的御史們來到臺灣，於巡臺任內留下許多佳作，使御史文學在臺灣宦遊文學史上占有一席之地。

一、巡臺御史在臺灣的詩歌發展

　　在巡臺制度實行的六十餘年之中，御史詩人所留下的詩歌，據《全臺詩》所收，可考者約五百餘首。有詩歌傳世的御史共計 17 位，漢籍 13 位，滿籍 4 位，其中以黃叔璥、夏之芳、張湄、六十七、范咸、錢琦等詩人作品數量較多，其他則十分零星。整體而言，御史在臺的詩歌數量並不算多，應與巡臺時間不長有關。〔註 66〕

　　除去散佚失傳的詩歌不論，從御史詩人的活躍情形與現今可考的詩歌數量，仍可一窺御史詩歌的發展態勢。御史詩歌在臺灣的發展情形，以雍正 5 年（1727）與乾隆 17 年（1752）為界，可分為三期：（一）初始期（二）極盛期（三）衰退期。

〔註 63〕《全臺詩》第 2 冊，頁 156。

〔註 64〕〔清〕錢琦：〈鯽潭霽月〉，見《澄碧齋詩鈔》，卷 7，頁 325；亦收入《全臺詩》，頁 321。

〔註 65〕謝崇耀：《清代臺灣宦遊文學研究》，頁 12。

〔註 66〕以乾隆 17 年（1752）為界，前期御史巡臺時間為一至三年，大多數為二年；後期巡臺時間驟減，僅三個月至半年。見尹全海：《清代渡海巡台制度研究》，頁 115～117。

附表一：巡臺御史詩歌發展分期表〔註67〕

分　期	編號	巡臺御史	抵臺時間	離臺時間	詩歌數目
初始期 康熙 60 年 至雍正 5 年 （1721～1727）	1	黃叔璥 （漢）	康熙 61 年（1722）	雍正 2 年（1724）	36
	2	景考祥 （漢）	雍正 3 年（1725） 4 月 27 日	雍正 3 年（1725） 11 月 20 日	1
	3	汪繼燝 （漢）	雍正 4 年（1726） 2 月 4 日	雍正 4 年（1726） 7 月	1
極盛期 雍正 5 年 至乾隆 17 年 （1727～1752）	4	夏之芳 （漢）	雍正 6 年（1728） 2 月 12 日	雍正 8 年（1730） 1 月	100*
	5	高　山 （漢）	雍正 8 年（1730） 11 月 27 日	雍正 11 年（1733）	1
	6	楊二西 （漢）	乾隆 4 年（1739） 4 月 15 日	乾隆 6 年（1741） 4 月 12 日	17
	7	舒　輅 （滿）	乾隆 5 年（1740） 3 月 25 日	乾隆 7 年（1742） 2 月 25 日	4
	8	張　湄 （漢）	乾隆 6 年（1741） 4 月 12 日	乾隆 8 年（1743） 4 月 12 日	132
	9	書　山 （滿）	乾隆 7 年（1742） 4 月 8 日	乾隆 9 年（1744） 3 月 8 日	10
	10	熊學鵬 （漢）	乾隆 8 年（1743） 4 月 18 日	乾隆 10 年（1745） 3 月 18 日	10
	11	六十七 （滿）	乾隆 9 年（1744） 3 月 25 日	乾隆 12 年（1747） 3 月 25 日	60
	12	范　咸 （漢）	乾隆 10 年（1745） 4 月 6 日	乾隆 12 年（1747） 3 月 6 日	112

〔註67〕御史依抵臺時間先後依序編號。詩人及詩歌數目，據《全臺詩》，有詩作之巡臺御史計有 17 位，詩作共 501 首。《全臺詩》所錄，夏之芳詩 66 首，《臺灣文獻匯刊》已收得完整百韻，計 100 首；錢琦詩 44 首，《澄碧齋詩鈔》得 74 首未收，計 118 首。御史抵臺、離臺時間參見唐一明〈清代巡臺御史傳略（續）〉，附錄：清代巡臺御史表，頁 47～52。錢琦抵臺時間有誤（詳見頁 51，註 120），已於表中修正。

	13	錢琦（漢）	乾隆 16 年（1751）2 月	乾隆 17 年（1752）8 月	118*
	14	立柱（滿）	乾隆 16 年（1751）11 月	乾隆 17 年（1752）8 月	1
衰退期 乾隆 17 年 至乾隆 52 年 （1752～1787）	15	李友棠（漢）	乾隆 21 年（1756）4 月 6 日	乾隆 21 年（1756）9 月 12 日	4
	16	湯世昌（漢）	乾隆 25 年（1760）2 月	乾隆 25 年（1760）5 月	1
	17	李宜青（漢）	乾隆 28 年（1763）11 月 15 日	乾隆 29 年（1764）5 月	1

（一）初始期：康熙 60 年至雍正 5 年（1721～1727）

此時期為巡臺制度建立之初，朱一貴事件餘波未平，臺灣吏治百廢待舉，御史較無心力進行文學活動，此時期詩人與作品均不多。

（二）極盛期：雍正 5 年至乾隆 17 年（1727～1752）

雍正 5 年（1727），巡臺御史開始兼理學政。清廷十分注重專責此務之御史所具備的詩文素養，故來臺御史多為文藝嫻熟之士，詩人輩出，尤其是專責學政的漢籍御史，更是此時期的主要創作者，加上此時臺灣局勢穩定，御史們較有閒情逸致投入創作，是御史詩歌大量產出的時期。

（三）衰退期：乾隆 17 年至乾隆 52 年（1752～1787）

乾隆 17 年（1752）開始，巡臺制度有所變更，改為三年一巡，事竣即回，不須在臺駐留。使巡臺御史駐臺時間大幅縮短。而臺穀輸閩事件與巡臺御史被劾案之後，中央對御史的信任已不若以往，動輒得咎，使御史履行職務之時，作風漸趨保守，也無心思再進行文學活動。以上因素都間接造成御史詩歌的衰落。

御史詩歌發展初期，僅有三位詩人，首任御史黃淑璥作品較多；極盛期是御史詩歌發展的高峰，詩人輩出，有夏之芳、張湄、六十七、范咸、錢琦等，作品皆有一定的質量；而衰退期的詩人數目與詩歌數量均極為零星，無法與前兩期相比。

二、巡臺御史在臺灣的文學活動

由於清代有禁止結社之禁令，在沈光文等人於康熙 24 年（1685）成立的

東吟社之後，臺灣文學社團便成絕響，要遲至道光、同治年間，才再度有詩社、文社創立。〔註 68〕因此，康雍乾時期，巡臺御史在臺灣的雅集酬唱，顯示臺灣文人集會與文學活動並未因禁令而消失，在臺灣古典詩歌史上，具有特殊的意義。雖然名義上禁止結社，但從御史詩人的作品當中，可以發現詩人彼此唱和，甚至有文學集會的事實，然而，也由於這類文學集會的舉辦無法明顯張揚，雅集作品大多沒有完善的保留下來，僅能從現存詩歌的題目、內容，尋求他們文學活動的蛛絲馬跡。

　　雅集酬答的相關詩歌，詩題多有「疊韻」、「分韻」、「次韻」、「限韻」、「和韻」之作。詩人以所作詩歌的原韻，再作另首或數首，是為「疊韻」。如張湄於上元節前後，與臺郡諸官員的酬唱詩作〈上元前二夕范松浦太守招飲郡署即席有作〉：

　　　　佳飾傳柑勝事<u>多</u>，雙榕橋下粲星<u>河</u>。
　　　　纔逢瑞雨如珠灑，卻訝仙槎犯斗<u>過</u>。
　　　　彩耀銀幡春不夜，光連貝闕海無<u>波</u>。
　　　　黃堂一夕琴絲動，萬井同賡麥秀<u>歌</u>。〔註 69〕

此詩韻字為「多」、「河」、「過」、「波」、「歌」，為宴飲酬唱之作，上元前夕，眾人飲宴於道署內之榕梁橋下，除了美酒佳餚，並作詩酬唱助興。再觀〈次夕劉省齋觀察招集澄臺疊韻〉一詩：

　　　　霽後華燈較月<u>多</u>，環臺澄景象銀<u>河</u>。
　　　　十千酒美難辭醉，三五宵良肯放<u>過</u>。
　　　　海國魚龍爭曝采，春田雨露盡涵<u>波</u>。
　　　　藉君閣上青藜燄，來照當筵擊節<u>歌</u>。〔註 70〕

與前詩韻字相同，亦為雅集之作。其他如〈上元夕同書給諫飲使署再疊韻〉、〈十六夜郝祁公方樂只兩司馬楊御章鄒羲章兩明府復招集郡署三疊前韻〉、〈二十一夜何尚敏總戎劉省齋觀察暨文武諸君同集使署四疊前韻〉、〈何總戎署讌集五疊前韻〉、〈荅書楸村病懷六疊前韻〉幾首〔註 71〕，用韻相同，多首沿用同韻，為「疊韻」之作，由詩歌可見官員們雅集酬答之頻繁。「分韻」為

〔註 68〕許雪姬、薛化元、張淑雅等撰文：《臺灣歷史辭典》，東吟社條（臺北市：行政院文化建設委員會，2005 年），頁 457。
〔註 69〕《全臺詩》第 2 冊，頁 161。
〔註 70〕同上註，頁 161～162。
〔註 71〕同上註，頁 162～164。

文學集會時常用之法，先擇若干字為韻，與會諸人分拈一字，如滿御史書山有〈勸農歸路經海會寺與諸同人分韻〉二首：

> 雨後勸農畢，還尋古剎<u>來</u>。鐘聲飄蘚徑，衲子出香<u>臺</u>。
> 莉竹排簷種，優曇滿院<u>開</u>。分題禪榻畔，小憩水雲<u>隈</u>。
>
> 問訊詞壇客，山僧逸興<u>同</u>。地高晴翠合，林靜妙香<u>通</u>。
> 登眺消塵慮，安閒步梵<u>宮</u>。寸心持半偈，頓覺海天<u>空</u>。〔註72〕

由於沒有此次雅集的正式紀錄，僅能從其他官員的現存詩作一窺集會情形。由詩作可知，書山分得「灰」、「東」二韻，漢御史張湄正有〈遊海會寺次楸邨韻〉二首：

> 山郭雨初霽，招提忽入<u>來</u>。寒雲流梵韻，濕翠上蓮<u>臺</u>。
> 缽為投詩滿，扉緣憩客<u>開</u>。催耕餘好鳥，人靜語林<u>隈</u>。
>
> 野趣自清曠，豐年情不<u>同</u>。泉新茶碗碧，火宿石鑪<u>紅</u>。
> 眺海三層閣，栽花半畝<u>宮</u>。息心塵外賞，遠嶼夕煙<u>空</u>。〔註73〕

「次韻」指用原韻、原字，韻字的先後次序亦同。張湄次書山之韻，其一依序押「來」、「臺」、「開」、「隈」等灰韻字；其二則依序押「同」、「宮」、「空」等東韻字。〔註74〕而「限韻」詩歌，亦大都是文學集會時相互唱和的產物，如六十七有〈七里香限芳字〉、〈水仙花限冰字〉、〈賴桐花限龍字〉等詩。此類分韻、次韻、限韻之詩作，顯示官員文士之間詩歌酬唱的風氣極盛。

　　由雅集酬唱作品的詩題，也可得知官員文士們舉行文學集會的場所，如張湄〈澄臺小集疊韻〉〔註75〕、舒輅〈九日會澄臺即事〉〔註76〕等，反映出臺灣八景之一的「澄臺」，是詩人們主要的集會場所；又如張湄〈十六夜郝祁公方樂只兩司馬楊御章鄒義章兩明府復招集郡署三疊前韻〉、〈二十一夜何尚敏總戎劉省齋觀察暨文武諸君同集使署四疊前韻〉、書山〈勸農歸路經海會寺與諸同人分韻〉等，可發現文人集會場所除了風景名勝，也常在官署或寺廟，

〔註72〕《全臺詩》第2冊，頁222。筆者按：《全臺詩》所錄書山〈勸農歸路經海會寺與諸同人分韻〉為三首，然其二與其三兩首詩句雷同，其三詩為「勸農親民事，歸途逸興同。地高濃翠合，林靜妙香通。喜得千村雨，閒來一畝宮。寸心持半偈，頓覺海天空。」應為傳抄、覆錄、錯漏所致，故本文僅引其二。

〔註73〕同上註，頁155。

〔註74〕第二句「紅」字未用原字，然也屬東韻字。

〔註75〕《全臺詩》第2冊，頁155。

〔註76〕同上註，頁208。

顯示御史們雖無結社之名，卻有結社之實，且集會地點多樣，次數頻繁，酬唱作品也不少，反映出當時文學風氣的興盛。

　　詩人們私下的文學交遊、詩酒酬唱，原本就不可能全盤禁止，而臺灣又遠在邊疆海外，禁令難以嚴格落實；加上御史詩人本身雅好文藝，能作詩歌文章，在臺灣又有相當程度的地位與權力，公務閒暇之餘，與其他官員、幕僚等私下作詩酬唱，很能帶領詩歌創作的風氣，具有領頭的作用。御史詩人也將作品編纂成集，如六十七所編之《使署閒情》，錄有六氏與道署官員之間的酬答唱和之作，顯示巡臺御史的集體文學活動是積極的，他們熱衷於進行創作，並有意識的集結、保留他們的詩歌作品。

第三章　巡臺御史詩人及其詩集著作

　　雍正 5 年（1727），巡臺御史開始兼理學政，來臺御史多為文藝嫻熟之士，其中詩人輩出，開啟御史文學的極盛時期。本章以乾隆年間，傳世作品較多，並有完整詩集（或編集）的三位御史詩人張湄、六十七、錢琦為主要考察中心，探究他們的生平經歷、仕宦軌跡、詩歌風格及後世評價，並分析他們的現存詩集：張湄《柳漁詩鈔》12 卷，六十七《使署閒情》4 卷，錢琦《澄碧齋詩鈔》12 卷，期能從中梳理出更多詩人、詩作之相關資料，以為後續研究之基礎。而六十七《使署閒情》亦為編集，將一併探討其選輯之標準與意義。

第一節　張湄及其《柳漁詩鈔》

　　張湄於乾隆 6 年（1741）巡臺，能文善詩，書法俊秀。其詩集《柳漁詩鈔》12 卷，為張湄現存之完整詩集，詩歌依時序排列，記錄詩人宦遊在外的心境與軌跡，頗有可觀。以下就張湄其人之生平、文藝、著作，以及詩集《柳漁詩鈔》作一簡述。

一、生平事蹟〔註1〕

　　張湄（1695～？），字鷺洲，號南漪，又號柳漁，浙江錢塘人，生於康熙34 年（1695），卒年不詳。清雍正 11 年（1733）進士，選庶吉士，散館授編修，曾參與修纂《大清一統志》，累擢監察御史，兵科給事中。〔註2〕張湄於乾隆 3 年（1738）出任雲南鄉試考官〔註3〕，亦曾任湖廣道監察御史，協理山東道事〔註4〕。乾隆 5 年底（1740）由翰林院遷巡臺御史，兼理提督學政。乾隆 6 年（1741）4 月 12 日到任，乾隆 8 年（1743）4 月 12 日秩滿離任，10 月 25 日丁憂回籍。〔註5〕乾隆 15 年（1750）出任山東鄉試正考官〔註6〕，乾隆

〔註1〕　張湄生平事略，參〔清〕張湄：《柳漁詩鈔》，收入國家清史編纂委員會編：《清代詩文集彙編》第 278 冊（上海：上海古籍出版，2010 年），頁 288；《全臺詩》第 2 冊，頁 145；《臺灣歷史人物小傳——明清時期》，頁 182～183；楊雲萍：《臺灣史上的人物》（臺北市：成文出版社，1981 年），頁 103～105；〔清〕蘇樹蕃：《清朝御史題名錄》，收入沈雲龍主編：《近代中國史料叢刊》第 14輯，（臺北縣：文海出版社，1967 年），頁 269；唐一明：〈清代巡臺御史傳略及詩錄〉，頁 72～73；唐一明：〈清代巡臺御史傳略（續）〉，頁 49；〔清〕劉良璧撰：《重修福建臺灣府志》，卷 13，職官 1（文職），職官（文），臺灣文獻叢刊第 74 種（臺北市：臺灣銀行經濟研究室，1961 年），頁 352；〔清〕范咸撰：《重修臺灣府志》，卷 3，職官，列傳，臺灣文獻叢刊第 105 種（臺北市：臺灣銀行經濟研究室，1961 年），頁 142；連橫：《臺灣通史》，卷 34，列傳 6，循吏列傳，頁 941；《臺灣通志》，列傳，政績，頁 481；臺灣省文獻委員會編：《重修臺灣省通志》，卷 9，人物志（南投市中興新村：臺灣省文獻委員會，1998 年），頁 127。

〔註2〕　參見〔清〕李桓輯：《國朝耆獻類徵初編（24）》，收入周駿富輯：《清代傳記叢刊》第 150 冊（臺北市：明文書局，1985 年），卷 136，諫臣 4，頁 587；〔清〕陳璚修，〔清〕王棻纂；屈映光、陸懋勳續修；齊耀珊重修；吳慶坻重纂：《民國杭州府志（三）》，收入《中國地方志集成．浙江府縣志集 3》（上海市：上海書店，1993 年），卷 145，文苑 2，頁 476；〔清〕朱汝珍輯：《詞林輯略》，收入周駿富輯：《清代傳記叢刊》第 16 冊（臺北市：明文書局，1985 年），卷 3 雍正 11 年癸丑科，頁 137；〔清〕張湄：《柳漁詩鈔》，頁 288；《全臺詩》第 2 冊，頁 145；錢實甫編：《清代職官年表》第 4 冊（北京：中華書局，1997 年），頁 3212。

〔註3〕　張湄為乾隆 3 年（1738）戊午科鄉試雲南考官，同為考官者還有禮部員外郎葛德潤（字述齋）。見〔清〕法式善等撰；張偉點校：《清秘述聞三種》（上），（北京：中華書局，1997 年），頁 163。

〔註4〕　見《大清高宗純（乾隆）皇帝實錄（三）》，卷 119（臺北市：華文書局，1964 年），頁 1795。

〔註5〕　「張湄六年四月十二日到任，至八年四月十二日差滿，於乾隆八年十月二十五日聞訃丁憂。」見國立中央研究院歷史語言研究所編：《明清史料》第 13 冊，戊編第 1 本（臺北市：維新書局，1972 年），吏部題本，頁 84。

16 年（1751），任工部科給事中〔註7〕，年底出任巡視山東漕運御史〔註8〕，18 年（1753）掌雲南道監察御史，署京畿道事〔註9〕。

　　張湄善詩，常與厲鶚〔註10〕、杭世駿等人唱和，人謂其詩「春容華潤」；其書法俊秀，殿試時無人能出其右〔註11〕。湄亦能文，鄭江〔註12〕曾讚「其為文別裁偽體，而歸之坦途，著聲館閣，及擢蘭臺，侃侃自將為朝陽鳴鳳，非僅以詩擅名者」〔註13〕。張湄為人耿介不阿，厲鶚謂其人「沖澹淵默，夷險一致，生平惟往籍是耽，淳蓄宏深而不自矜其才」〔註14〕，說明張湄沖正謙默，遇事無所依阿〔註15〕，雅愛典籍，學識宏贍，博學而不自矜。張湄來臺，自廈門渡海之時，「長颶四至，揚波觸天，舵人面皆土色，余端坐舺次，頻左右傾，伸紙濡筆，手未輟書，初不知吾舟之顛如箕也」〔註16〕，在長浪滔天，左右巨晃的海上，不僅面無懼色，更能提筆為文，書寫不輟，或許是前所未見之景，使詩人詩興大發，耽於文學創作，而忘卻外在凶險之境，抑或是時時謹記御史代天巡狩，巡查稟奏之責，即使海象凶險，也要提筆紀錄。顯示張湄既為詩人，亦為御史，更見其平和穩重，夷險一致之性情。

　　張湄居官臺諫，頗著風節，〔註17〕任巡臺御史，廉潔自矢，「歸裝為圖

〔註6〕 張湄為乾隆 15 年（1750）庚午科鄉試山東主考官，同為考官者還有刑部主事段汝舟（字祈年）。見《清秘述聞三種》（上），頁 182。

〔註7〕 參見《全臺詩》第 2 冊，頁 145。

〔註8〕 參見乾隆 16 年 11 月 18 日，張湄〈奏報到任日期及運河水勢情形摺〉，見《宮中檔乾隆朝奏摺》第 2 輯，頁 3。

〔註9〕 參見《全臺詩》第 2 冊，頁 145。

〔註10〕 厲鶚，字太鴻，號樊榭，浙江錢塘人，康熙 59 年舉人，有樊榭山房集。鶚平生博洽群書，其詩吐屬嫻雅，有修身自喜之致，絕不染南宋江湖末派。見〔清〕張維屏輯：《國朝詩人徵略初編（一）》，收入周駿富輯：《清代傳記叢刊》第 21 冊（臺北市：明文書局，1985 年），卷 22，頁 733。

〔註11〕「書法秀逸，當時殿試無出右者。」見〔清〕李放纂輯：《皇清書史（一）》，收入周駿富輯：《清代傳記叢刊》第 83 冊（臺北市：明文書局，1985 年），卷 15，頁 498。

〔註12〕 鄭江，字磯尺，號筠谷，浙江錢塘人，康熙 57 年進士。幼孤貧，眇一目。官翰林院侍講，有筠谷集。見〔清〕張維屏輯：《國朝詩人徵略初編（一）》，卷 21，頁 727～728。

〔註13〕〔清〕張湄：《柳漁詩鈔》，頁 289～290。

〔註14〕 同上註，頁 290。

〔註15〕《民國杭州府志（三）》，卷 145，文苑 2，頁 476。

〔註16〕〔清〕董天工：《臺海見聞錄》，張序，臺灣文獻叢刊第 129 種（臺北市：臺灣銀行經濟研究室，1961 年），頁 1。

〔註17〕 見〔清〕李桓輯：《國朝耆獻類徵初編（24）》，卷 136，諫臣 4，頁 587；〔清〕

書卷而已」〔註 18〕，在臺兩年，政績卓著，頗重文教。任內張湄與滿御史舒
輅，曾有建府倉以裕民食之請〔註 19〕；與繼任之滿御史書山，曾奏建府倉，
以備荒歉〔註 20〕，並針對閩省赴臺採買米穀價格過低，對臺灣有不利影響之
事，共同奏請朝廷，有〈請採買米穀按豐歉酌價疏〉，對臺米價格之平抑有
關鍵影響〔註 21〕，可知其關心民瘼，戮力政事。張湄並兼理提督學政，主
歲、科二試，嚴查冒籍，校士公明，注重培植臺地文風。海東書院月課，
皆親加校閱〔註 22〕，曾「手集先正大家名文三百篇，置海東書院，為諸生楷
模」〔註 23〕，並將臺灣學子之課藝佳作纂輯而成《珊枝集》，為士子科考撰文
之參考。

二、生平著作

　　張湄詩集除《柳漁詩鈔》12 卷，尚有《瀛壖百詠》1 卷〔註24〕。《瀛壖
百詠》為分詠臺灣風物之七絕，原有乾隆年間的精刊本，今未得見，僅餘序
〔註 25〕、跋〔註 26〕，其詩散見各處，從詩集《柳漁詩鈔》亦未能見百詠詩之
全貌。近人林文龍曾做輯佚，去其重複，共收得 57 首〔註27〕，其後《全臺詩》

　　　　張維屏輯：《國朝詩人徵略初編（一）》，卷 26，頁 881。
〔註18〕《民國杭州府志（三）》，文苑 2，頁 476。
〔註19〕見巡臺御史書山、張湄：〈請採買米穀按豐歉酌價疏〉，收入〔清〕謝金鑾編：
　　　　《續修臺灣縣志》，卷 6，藝文 1，臺灣文獻叢刊第 140 種（臺北市：臺灣銀
　　　　行經濟研究室，1962 年），頁 425。
〔註20〕連橫：《臺灣通史》，卷 3，經營紀，頁 68。
〔註21〕見巡臺御史書山、張湄：〈請採買米穀按豐歉酌價疏〉，收入〔清〕謝金鑾編：
　　　　《續修臺灣縣志》，卷 6，藝文 1，頁 424～426；唐一明：〈清代巡臺御史傳略
　　　　及詩錄〉，頁 72。
〔註22〕見〔清〕劉良璧撰：《重修福建臺灣府志》，卷 13，職官 1（文職），職官（文），
　　　　頁 352。
〔註23〕〔清〕劉良璧：〈張侍御「瀛壖百詠」跋〉，收入〔清〕六十七編：《使署閒情》，
　　　　卷 4，雜著 2，頁 116；亦收入〔清〕謝金鑾編：《續修臺灣縣志》，卷 6，藝
　　　　文 1，頁 462。
〔註24〕見〔清〕范咸：《重修臺灣府志》，卷 19，雜記，雜著，頁 573。
〔註25〕〔清〕張湄：〈「瀛壖百詠」序〉，收入〔清〕六十七編：《使署閒情》，卷 3，
　　　　雜著 1，頁 106～107；亦收入〔清〕謝金鑾編：《續修臺灣縣志》，卷 6，藝文
　　　　1，頁 449～450；〔清〕王必昌撰：《重修臺灣縣志》，書序，頁 452～453。
〔註26〕〔清〕劉良璧：〈張侍御「瀛壖百詠」跋〉，收入〔清〕六十七編：《使署閒情》，
　　　　卷 4，雜著 2，頁 116；亦收入〔清〕謝金鑾編：《續修臺灣縣志》，卷 6，藝
　　　　文 1，頁 462～463；〔清〕王必昌撰：《重修臺灣縣志》，書序，頁 453～454。
〔註27〕見林文龍：〈張湄與「瀛壖百詠」〉，頁 176～182。

參考其他詩集、各種方志、筆記等，加以擴充增補，共搜得 63 首。〔註28〕《瀛壖百詠》乃張湄在臺期間吟詠風物之作，紀錄詩人自廈門至澎湖，自澎湖至臺灣，及巡行臺灣南、北兩路之聞見：「自廈抵臺，自郡治訖南、北二路，即志乘所載、合之巡歷所經，凡歲時習俗、山川、草木、禽魚之類，苟有可紀，輒賦短句，投之奚囊」〔註29〕，為分詠臺灣風物的七絕百首，每首四句，詩後均詳加詁釋，然今日所見，僅數首保有作者原註。〔註30〕臺灣道劉良璧推崇百詠詩：「山川景物歷歷如繪，令觀者如閱山海經，如讀水經注。光燄陸離，千態萬狀，皆於斯集見之。」〔註31〕連橫《臺灣詩乘》亦讚云：「張鷺洲之《瀛壖百詠》，蜚聲藝苑，傳播東寧」〔註32〕。可知《瀛壖百詠》一書，資料詳實，詩藝亦佳，歷來評價甚高。

　　張湄有賦作〈海吼賦〉〔註33〕。臺灣夏秋之間，屢有颶風，來襲時驚濤溢涌，雷吟電焯，波濤擊於鯤身沙洲，厥聲回薄，遠近相聞，是為「海吼」。詩人感一己為天涯羈客，索居海濱，聽之惝罔，遂作此賦。賦中形容颶風來時「風搏九萬兮扶搖直上，水激三千兮不平則鳴」，其聲如鑼鼓雷鳴，極言風浪之巨，海聲之駭，文勢雄壯。其為御史，兼理學政，而有效仿夏之芳《海天玉尺》，以海東書院學子之文為「珊枝」，取「文若珊瑚，誠貴之也，亦難之也」意，纂輯學子課藝佳作而成《珊枝集》，自許能為羅才之網，搜海邦璘

〔註28〕《全臺詩》增收了〈水沙連〉、〈劍潭〉、〈牛車〉、〈金瓜茄〉、〈觀音竹〉、〈七絃草〉6 首。見《全臺詩》第 2 冊，頁 153；全臺詩・智慧型全臺詩資料庫 http://xdcm.nmtl.gov.tw/twp/b/b02.htm。
〔註29〕〔清〕張湄：〈「瀛壖百詠」序〉，收入〔清〕六十七編：《使署閒情》，卷 3，雜著 1，頁 106；亦收入〔清〕謝金鑾編：《續修臺灣縣志》，卷 6，藝文 1，頁 449。
〔註30〕如〈澄臺〉、〈五妃墓〉、〈七夕〉、〈中秋〉、〈大燈門〉、〈檳榔〉、〈番俗，六首之五〉、〈衣服〉、〈闕題〉等詩，有作者原註。見《全臺詩》第 2 冊，頁 165、166、171、173、174、179。
〔註31〕〔清〕劉良璧：〈張侍御「瀛壖百詠」跋〉，收入〔清〕六十七編：《使署閒情》，卷 4，雜著 2，頁 116；亦收入〔清〕謝金鑾編：《續修臺灣縣志》，卷 6，藝文 1，頁 462。
〔註32〕連橫：《臺灣詩乘》，卷 2，臺灣文獻叢刊第 64 種（臺北市：臺灣銀行經濟研究室，1960 年），頁 58。
〔註33〕〔清〕張湄：〈海吼賦〉，收入〔清〕王必昌撰：《重修臺灣縣志》，卷 13，藝文志 1，臺灣文獻叢刊第 113 種（臺北市：臺灣銀行經濟研究室，1961 年），頁 484～485；〔清〕余文儀：《續修臺灣府志》，卷 23，藝文 4，賦，臺灣文獻叢刊第 121 種（臺北市：臺灣銀行經濟研究室，1962 年），頁 844～845；〔清〕謝金鑾編：《續修臺灣縣志》，卷 7，藝文 2，賦，頁 531～532。

璘奇才，與海內共寶之，並作為士子科考撰文的參考，然今僅餘序言〔註34〕，內容已佚。張湄輯此集，有盡御史教化之責，為朝廷搜羅才士之意。

　　張湄亦曾為劉良璧《重修福建臺灣府志》、董天工《臺海見聞錄》作序。《重修福建臺灣府志》序，作於乾隆6年（1741）夏，時張湄初任巡臺御史。編修劉良璧〔註35〕，時任福建分巡臺灣道，仕臺日久，熟悉是邦文獻，並加意網羅採擷，而輯為此志。其中提及臺郡之發展，是由於「聖朝德威遠屆」〔註36〕，治理得宜，振文教，修武備，故而「生齒繁、田野闢、商估聚」〔註37〕，成為東南海疆一大都會，流露出詩人為官者的帝國中心思考。而《臺海見聞錄》序則作於乾隆18年（1753）春，時張湄任雲南道監察御史，作者董天工〔註38〕，曾任彰化儒學教諭，公餘遍臚臺郡山川、風土、民俗、物產、賢良、節列，以及前人題詠之類，輯為見聞錄，紀中有史，詩中有畫。〔註39〕並由董氏之書，思己之巡臺，云「遊不遠不壯，遊不險亦不奇也。身歷重洋，無怪弗接，可云壯且奇矣」〔註40〕，視臺灣為重洋之外的異域，極言此行的遠、壯、險、奇，由此亦可看出張湄鮮明的外來者視角。

三、《柳漁詩鈔》簡述

　　張湄詩集《柳漁詩鈔》，今見於《四庫全書存目叢書》與《清代詩文集彙編》。《四庫全書存目叢書》所收，為中國人民大學圖書館藏清乾隆刻本〔註41〕；《清代詩文集彙編》所收，為清乾隆聖雨齋刻本。經筆者比對，兩者

〔註34〕〔清〕張湄：〈珊枝集序〉，收入〔清〕謝金鑾編：《續修臺灣縣志》，卷6，藝文1，頁448～449；〔清〕范咸：《重修臺灣府志》，卷22，藝文3，序，頁670～671；〔清〕王必昌撰：《重修臺灣縣志》，卷13，藝文1，書序，頁466；〔清〕余文儀：《續修臺灣府志》，卷22，藝文3，序，頁779～780。

〔註35〕劉良璧，字省齋，湖南衡陽人。乾隆5年（1740）任福建分巡臺灣道，乾隆8年（1743）任滿。參《全臺詩》第2冊，頁138；〈臺灣清代官職表查詢系統〉http://140.112.30.230/Career_tb/index.php。

〔註36〕見〔清〕劉良璧：《重修福建臺灣府志》，〈張序〉，頁1。

〔註37〕同上註。

〔註38〕董天工，字典齋，福建崇安人。雍正元年（1723）拔貢。乾隆11年（1746）6月任彰化縣儒學教諭。五年秩滿憂居，為答友朋之詢，乃就在臺見聞，徵諸文獻，編成《臺海見聞錄》4卷。參見〈臺灣清代官職表查詢系統〉http://140.112.30.230/ Career_tb/index.php。

〔註39〕見〔清〕董天工《臺海見聞錄》，〈張序〉，臺灣文獻叢刊第129種，頁1。

〔註40〕同上註。

〔註41〕見四庫全書存目叢書編纂委員會編：《四庫全書存目叢書》，集部別集類，第276冊（臺南縣：莊嚴文化事業有限公司，1997年），頁602。

其實為同一版本，唯《四庫全書存目叢書》印刷較為模糊不清，故本文以《清代詩文集彙編》所收為主要研究底本。

　　《柳漁詩鈔》以張湄之號「柳漁」為名，共 12 卷，收錄詩歌約一千一百餘首。張湄在臺期間詩作，收錄於第七、八卷海槎集。《柳漁詩鈔》所收錄的詩歌，依時序排列，推測從雍正 7 年（1729）前後，至乾隆 12 年（1747）前後，呈現出詩人行旅在外的遊子心境與仕宦軌跡。卷首有鄭江、厲鶚之序，鄭序讚張湄為詩「馳驟三唐，得其英華，神韻悠然，真有得於『其風肆好』、『穆如清風』之意」﹝註 42﹞，頗承唐詩之韻，能得詩經之旨；厲序則稱張湄詩「以我法行之而能自言其志」﹝註 43﹞、「華潤而不窘於物象，舂容而不傷於促迫」﹝註 44﹞，詩風和平中正，能言己志，敦厚醇雅，有古人之風。

（一）各卷概述

　　《柳漁詩鈔》12 卷，分別為：第一卷于野集，第二卷雞木集，第三、四卷甎景集，第五卷滇行集，第六卷癡牀集，第七、八卷海槎集，第九卷帖懷集，第十卷皖遊集，第十一卷鷁風集，第十二卷疊恥集，收錄詩歌一千一百餘首。

1. 第一卷于野集

　　推測作於雍正 7 年（1729）之前。﹝註 45﹞其時詩人未登進士，主要在家鄉浙江錢塘（今杭州）一帶活動，多尋幽訪勝、詩友唱和之作，足跡遍及西湖群山與周邊名勝。另有詩如〈將進酒〉、〈古劍篇〉、〈促促詞〉、〈憂從中來〉、〈賣花引〉、〈蒼鷹歌〉等雜體歌行，頗具漢魏古風。﹝註 46﹞此卷有作者〈自題柳漁小照〉2 首﹝註 47﹞，詩歌描述詩人「六尺魚竿一卷書」，卜居秋水陂塘，與鷗鳥烟波為伴的閒情，可略知其字「柳漁」之由來，也隱約流露出詩人欲閒居江南水鄉的內心想望。

2. 第二卷雞木集

　　推測作於雍正 9 年（1731）至雍正 11 年（1733）前後﹝註 48﹞，詩人登科

﹝註 42﹞〔清〕張湄：《柳漁詩鈔》，頁 290。
﹝註 43﹞同上註。
﹝註 44﹞同上註。
﹝註 45﹞卷末有〈己酉（1729）冬日將事北征飲湖樓短歌志別〉一詩，推測作於雍正 7 年（1729）之前。見《柳漁詩鈔》，頁 302。
﹝註 46﹞見《柳漁詩鈔》，頁 292～293、294。
﹝註 47﹞同上註，頁 302。
﹝註 48﹞卷中有〈辛亥（1731）除夕〉，卷末有〈冬至前一日有寄〉、〈上元夕感賦〉等

進士之前，主要活動於北京，此卷多為詩友唱和贈答及遊歷北京之作，並有數首感懷思鄉之詩。

3. 第三、四卷甄景集

第三卷應作於雍正 11 年（1733）至雍正 12 年（1734）〔註49〕；第四卷則作於雍正 13 年（1735）至乾隆 3 年（1738）初〔註50〕。張湄為雍正 11 年（1733）進士，此時期在京任職，此卷多是與翰林院諸同事、詩友的京城遊賞、酬答唱和之作，並有不少應制詩與題畫詩，而詩人離鄉數載，亦有流露懷鄉之情的詩作。

4. 第五卷滇行集

為詩人赴任雲南的宦遊紀行。是年戊午（1738），正逢鄉試舉行之年，張湄時任翰林院編修，出任雲南鄉試考官，奉旨赴滇。〔註51〕此卷作於乾隆 3 年（1738）5 月至乾隆 4 年（1739）初春，記錄了詩人仕宦雲南途中之所見所感。乾隆 3 年（1738）5 月 2 日，詩人從京城出發〔註52〕，經河北保定，河南安陽，渡黃河至鄭州、南陽，越漢江至湖北襄陽、荊州，再渡長江進入湖南常德，沿沅水南下至沅陵，經辰州、沅州進入貴州省界，再經鎮遠、貴陽，抵雲南昆明。張湄 8 月入滇，歷時約 3 個月。〔註53〕詩人於同年 9 月出滇〔註54〕，依原道返京。張湄由京入滇，時序為夏、秋，沿途多歌詠美景、遊覽勝跡之

詩，推測作於雍正 9 年（1731）至雍正 11 年（1733）前後。見《柳漁詩鈔》，頁 304、310。

〔註49〕 卷中有詩〈癸丑（1733）除夕〉與〈四十初度感賦〉（按：1734，時張湄 40歲），應作於雍正 11 年（1733）至雍正 12 年（1734）。見《柳漁詩鈔》，頁 314、318～319。

〔註50〕 卷中有〈恭送　世宗皇帝梓官歸　泰陵途次有作〉（按：1735，清世宗駕崩）、〈丙辰（1736）除夕〉、〈丁巳（1737）五月七日　御試　乾清宮賦得熏風自南來十二韻限來字〉、〈戊午（1738）二月　皇帝躬耕耤田恭紀三十韻〉等詩，可知作於雍正 13 年（1735）至乾隆 3 年（1738）初。見《柳漁詩鈔》，頁 321、323、325、330～333。

〔註51〕 張湄為乾隆 3 年（1738）戊午科鄉試雲南考官。見《清秘述聞三種》（上），頁 163。

〔註52〕 張湄有〈戊午（1738）五月二日奉　使出都夜宿良鄉作〉一詩，可知其離京時間。見《柳漁詩鈔》，頁 332。

〔註53〕 張湄〈抵平夷縣多羅驛〉一詩，有「三月王程始入滇」句，可知詩人由京入滇，歷時 3 個月，抵滇時為 8 月。見《柳漁詩鈔》，頁 338。

〔註54〕 張湄〈出滇〉一詩，有「九月花氣王」句，可知詩人離滇時間。見《柳漁詩鈔》，頁 339。

作；出滇返京，時序進入秋、冬，多深秋景致之描寫，與嚴冬旅宦之紀行，最終抵京之時，已是翌年早春。

5. 第六卷癡牀集

作於乾隆 4 年（1739）初春至乾隆 5 年（1740）〔註55〕。此時詩人方從雲南歸來，仍在京任職，此卷大多為與詩友、同事酬唱贈答之作與題畫詩。另外，由詩作可知，詩人於乾隆 4 年（1739）間，曾殤一子一女〔註56〕，其子年僅十七而早亡，不久幼女亦染病而夭，詩人「哭子還殤女，涔涔老淚垂」〔註57〕，萬分悲慟。

6. 第七、八卷海槎集

作於乾隆 5 年（1740）12 月至乾隆 8 年（1743）9 月〔註58〕，此時期詩人奉旨巡察臺灣，海槎集為詩人由京至臺、從臺返京的宦遊實錄，並收錄在臺期間的詩作。乾隆 5 年（1740）12 月 3 日，詩人奉旨從京城出發，經山東德州、泰安、臨沂，至江蘇揚州，沿京杭運河，過鎮江、常州、蘇州，至浙江嘉興、杭州，再從陸路到衢州，至福建延平，沿閩江至沿海的福州、興化、泉州，最後從廈門渡海經澎湖，於乾隆 6 年（1741）4 月 12 日抵臺，歷時 4 個多月。〔註59〕張湄共計在臺 2 年，於乾隆 8 年（1743）4 月 12 日秩滿離臺，是年 8 月返抵北京〔註60〕。

7. 第九卷岵懷集

作於乾隆 8 年（1743）10 月至乾隆 10 年（1745）。〔註61〕乾隆 8 年（1743）

〔註55〕卷中有詩〈己未（1739）除夕〉，可知作於乾隆 4 年（1739）至乾隆 5 年（1740）。

〔註56〕〔清〕張湄：〈哭雯兒四首〉、〈雨夕悼亡兒〉、〈殤女〉，見《柳漁詩鈔》，頁 348、350～351。

〔註57〕〔清〕張湄：〈殤女〉，見《柳漁詩鈔》，頁 350～351。

〔註58〕卷中有〈庚申（1740）十二月三日出廣寧門作〉、〈辛酉（1741）除夕〉、〈壬戌（1742）除夕〉、〈癸亥（1743）元日試筆〉、〈重九飲董孚存同年寓齋漫賦〉等詩，可知此 2 卷作於乾隆 5 年（1740）12 月至乾隆 8 年（1743）9 月。見《柳漁詩鈔》，頁 357、363、366、377。

〔註59〕「……奉命巡視臺灣，……於乾隆五年十二月初三日自京起程，至本年四月十二日抵臺郡……。」見《明清史料》第 13 冊，戊編第 1 本，巡臺御史兼理學政張湄題本，頁 54。

〔註60〕張湄：〈入都門〉一詩有「杖節初迴八月槎」句，顯示詩人抵京時為 8 月。見《柳漁詩鈔》，頁 377。

〔註61〕卷中有〈癸亥（1743）十月奉　使視漕山左夜宿良鄉二首〉，第十卷之詩則始於乙丑（1745），故推測此卷作於乾隆 8 年（1743）10 月至乾隆 10 年（1745）

10 月，張湄奉旨前往山東濟寧巡漕，途中聞其父過世〔註62〕，詩人丁憂返鄉。此卷之詩，有少數赴任山東之紀行，絕大部分都是詩人在家鄉杭州守喪期間的詩作。清代官員丁憂，依例需立即解職，回籍守喪。〔註63〕此一期間，張湄遊賞蘇杭，與詩友唱和，參與詩社雅集〔註64〕，有大量的酬唱作品。另，此卷版心周邊有多處印刷模糊，造成詩歌缺字、漏字之情形，然對本論文之影響不大。

8. 第十卷皖遊集

應作於乾隆 10 年（1745）4 月至乾隆 11 年（1746）〔註65〕，為詩人遊覽安徽之紀行，詩歌多錄沿途勝景，抒一己感懷，以及與詩友唱和之作。

9. 第十一卷鷗風集

應作於乾隆 11 年（1746）至乾隆 12 年（1747）間〔註66〕，詩人丁憂期滿，復職返京。然回京未久，其母亦病逝，是年秋季又回籍丁憂。〔註67〕此卷除紀行、感懷之詩，值得注意的是其哀悼亡母的詩作〈泣血吟〉〔註68〕。〈泣

之間。見《柳漁詩鈔》，頁 378、390。

〔註62〕〔清〕張湄：《柳漁詩鈔》，〈途次聞訃哭　先大人二首〉，頁 380。

〔註63〕丁憂，即官員遇有父母（包括嫡親父母與繼父母），以及祖父母喪亡，需申請開缺，離職回籍，服喪守制。清代官員丁憂時間一般為 27 個月。見歐磊：〈清代官員丁憂制度略論〉（《北方論叢》2012 年第 6 期，2012 年 11 月），頁 61～62。

〔註64〕從《柳漁詩鈔》第九卷詩題所見的詩社雅集文人名及聚會地點，可知張湄所參與的正是杭州南屏詩社（又名湖南詩社）。《隨園詩話》有云：「乾隆初，杭州詩酒之會最盛。名士杭、厲之外，則有朱鹿田璋、吳甌亭城、汪抱朴台、金江聲志章、張鷺洲湄、施竹田安、周穆門京。每到西湖堤上，捋裳聯襼，若屏風然……詩成傳鈔，紙價為貴。」可見詩社之盛況。見〔清〕袁枚著：《隨園詩話》卷 3，第 64 則，收入王英志主編：《袁枚全集》第 3 冊（江蘇省：江蘇古籍出版社，1993 年），頁 90。此詩社之相關研究可參見王小恒：〈浙派詩文化活動詮真——以厲鶚為中心〉（《甘肅廣播電視大學學報》第 17 卷第 1 期，2007 年 3 月），頁 29～31、鄭幸：〈南屏詩社考〉（《廈門教育學院學報》第 9 卷第 2 期，2007 年 6 月），頁 10～11。

〔註65〕卷中有詩〈乙丑（1745）四月二日束裝赴皖城暮宿謝邨作〉，第十一卷之詩則始於丙寅（1746），故推測此卷作於乾隆 10 年（1745）4 月至乾隆 11 年（1746）之間。見《柳漁詩鈔》，頁 390、401。

〔註66〕卷中有詩〈丙寅（1746）首夏別母北征黯然離懷晨夕作惡舟次書示兒輩〉，第十二卷之詩則始於 1747，故推測此卷作於乾隆 11 年（1746）至乾隆 12 年（1747）間。見《柳漁詩鈔》，頁 401、410。

〔註67〕〔清〕張湄：〈途次哭先慈疊韻二首〉，見《柳漁詩鈔》，頁 407。

〔註68〕〔清〕張湄：〈泣血吟〉，同上註，頁 408～410。

血吟〉凡一百二十韻，深切流露出詩人的哀慟追思之情，其中並提及詩人自身的家世背景及仕宦概況，是了解張湄其人的重要資料。

10. 第十二卷齸恥集

按詩歌時序推斷，此卷應作於乾隆 12 年（1747）至乾隆 13 年（1748）。此時期詩人丁憂杭州，詩歌多為蘇杭賞覽、詩友唱和之作，並有大量與南屏詩社諸人的雅集酬唱之詩，可作為研究南屏詩社的參考資料。

第二節　六十七及其《使署閒情》

六十七為滿洲官員，文才敏贍，博學洽聞，於乾隆 8 年（1743）巡臺。在臺所纂詩文集《使署閒情》，為其本身詩集與若干臺灣詩文之合輯，除了宦遊來臺的官吏詩作，亦有臺灣學子之詩，顯示當時臺灣文壇盛況，頗具意義，以下就六十七其人之生平、文藝、著作，以及所編纂的詩文集《使署閒情》作一簡述。

一、生平事蹟〔註69〕

六十七（？～？），字居魯，一字椿園，瓜爾佳氏〔註70〕，滿洲鑲紅旗人，乾隆 19 年（1754）甲戌進士。〔註71〕滿族命名習俗，常用數字，並「稱名不舉姓」，故世稱六十七，或六居魯。〔註72〕六十七生於世儒門第，其父關舒泰、其叔關寶惟善皆能詩，而「居魯尤敏贍」〔註73〕，方豪譽其為來臺的滿州官

〔註69〕六十七生平事略參《全臺詩》第 2 冊，頁 237；《臺灣歷史人物小傳——明清時期》，頁 4～5；楊雲萍：《臺灣史上的人物》，頁 116～118；方豪：〈乾隆初旅臺滿洲學人六十七〉，頁 393～396；唐一明：〈清代巡臺御史傳略及詩錄〉，頁 78～79；唐一明：〈清代巡臺御史傳略（續）〉，頁 50；吳盈靜：〈一位滿裔漢人的臺灣詩情——論巡臺御史六十七及其詩作〉，頁 100～101。臺灣省文獻委員會編：《重修臺灣省通志》，卷 9，人物志，頁 147。

〔註70〕吳盈靜考《八旗滿洲氏族通譜》，查「瓦爾喀地方瓜爾佳氏」之穆哈達，為六十七的遠祖，六十七為其七世孫。見吳盈靜：〈一位滿裔漢人的臺灣詩情——論巡臺御史六十七及其詩作〉，頁 100～101。

〔註71〕參錢仲聯主編：《清詩紀事・乾隆朝卷》第 9 冊，（江蘇省：江蘇古籍出版社，1989 年），頁 5579。

〔註72〕滿族習俗「稱名不舉姓」，命名並常用數字，如某人出生時，祖父年六十二，便有以漢語取名為六十二者。參劉小萌：《八旗子弟》（福州：福建人民出版社，1996 年），頁 142、146。

〔註73〕引徐世昌《晚晴簃詩匯詩話》，見錢仲聯主編：《清詩紀事・乾隆朝卷》第 9 冊，頁 5579。

員中最有學問的一位〔註74〕。歷官內閣中書、刑部主事、禮部員外郎、監察御史（巡臺）、戶科給事中。〔註75〕

乾隆 8 年（1743），六十七奉命巡視臺灣，12 月 22 日自北京啟程，隔年 3 月 25 日抵臺任事，〔註76〕乾隆 10 年（1745）奉旨再留任 2 年〔註77〕。乾隆 12 年（1747）年 3 月因事革職〔註78〕，共計在臺約 3 年。政績方面，乾隆 9 年（1784），六十七與漢御史熊學鵬，針對臺灣嚴禁內地人民偷渡，以致不得與家人團聚，有違情理，及偷渡情事難以遏止等，奏請朝廷，請求准予臺民搬眷及內地人民來臺探親，乾隆 11 年（1786），戶部議准。〔註79〕臺灣自入清廷版圖，為防止鄭氏抗清事件重演，而有嚴禁偷渡的規定，然此政策嚴重限制閩、臺沿海人民的謀生與往來，導致偷渡情事不斷，禁無可禁，防不勝防，六十七等所奏，造福閩臺人民，使之免於往來不便與骨肉分離之苦，然僅實施一年，又遭禁止。

另外，六十七與繼任之漢御史范咸，奏請閩省停止採買臺穀一事，引起極大風波，對巡臺御史制度影響甚鉅。〔註80〕臺穀輸閩，是雍正 8 年以來的定例，臺灣米穀大量輸出，收購的價錢卻較時價恆低一倍有餘，導致臺地官民賠損不堪，又因歷年應運交閩省的米穀數量過多，不能應付而積欠日增，幾至無法清理的地步。米穀無限制的輸出，導致本地米價隨之高昂，民食軍食皆大受影響，此一民生問題本就積弊已久，一直未獲解決。乾隆 10 年（1785）閩省大旱，福建巡撫周學健派員來臺採買米穀廿萬石以平糶，巡臺御史六十七與范咸顧及臺地民生，為避免米價飛漲及米穀不足，造成臺灣百姓沉重負

〔註74〕 方豪：〈乾隆初旅臺滿洲學人六十七〉，頁 394。

〔註75〕 「……臣……由內閣中書，歷任刑部主事，……陞授禮部員外郎，更蒙簡擢監察御史，隨擢戶科給事中，於乾隆八年奉命巡視臺灣……」見〈巡臺御史六十七奏本〉，收於《明清史料》第 13 冊，戊編第 1 本，頁 81；「由中書歷官戶部給事中」，見錢仲聯主編：《清詩紀事・乾隆朝卷》第 9 冊，頁 5579。

〔註76〕 「臣于乾隆八年十二月二十二日自京起程，茲于本年三月二十五日到臺任事……」見《明清史料》第 13 冊，戊編第 1 本，〈巡臺御史六十七題本〉，頁 75。

〔註77〕 見〈巡臺御史六十七奏本〉，收於《明清史料》第 13 冊，戊編第 1 本，頁 81。

〔註78〕 見《明清史料》第 13 冊，戊編第 1 本，吏部題本，頁 84～85。

〔註79〕 見〈戶部副摺為議覆六十七條奏臺民搬眷等由〉，收入《明清史料》第 13 冊，戊編第 1 本，頁 76；〈戶部「為內閣抄出巡臺給事中六十七等奏」移會〉，《明清史料》第 13 冊，戊編第 3 本，頁 207。

〔註80〕 詳見本論文第二章。

擔，而與周學健據理力爭，亦奏請朝廷請求停止採買，然而朝廷並未採納六、范二人的意見，反而傳旨申斥。此事件之後果，雖使六十七等受朝廷申斥，甚至免職去官，卻終於使臺穀問題稍獲合理的解決。〔註81〕

　　在臺任職期間，六十七有感於臺灣因貧病而流徙溝壑的窮人極多，心生惻隱，因此與漢御史范咸，向臺灣文武官員倡建普濟堂以賑濟，並率先捐俸。〔註82〕六十七亦重視臺灣民風之禮義教化，有〈通飭慎婚姻重廉恥示〉，要求百姓必須秉禮守義。〔註83〕六十七巡臺期間，奏請搬眷，造福人民；不畏權勢，力爭臺穀之平抑；下察民情，整飭風俗，可謂實心任事，卹民體物的仁官。

二、生平著作

　　六十七文才敏贍，博學洽聞，在臺任職時輯有《臺海采風圖考》、《番社采風圖考》及《使署閒情》。〔註84〕關於兩種圖考，何晉勳認為，《臺海采風圖》包含物產圖和風俗圖兩部份，而兩種圖考所繪有明確的重疊，可以推斷《番社采風圖》是由《臺海采風圖》的風俗圖發展而來，並擴展為描繪番社風俗的專題圖冊。〔註85〕兩種圖考的繪製雖有先後，但內容多有重複，此處將兩種采風圖考一併討論。

〔註81〕臺穀事件詳細經過可參見莊金德：〈巡臺御史的設立與廢止〉，頁61～67；何孟興：〈清初巡臺御史制度之研究〉，頁119～122。

〔註82〕見〔清〕王必昌：《重修臺灣縣志》，卷3，建置志，卹政，普濟堂，頁101～102。

〔註83〕〔清〕六十七：《使署閒情》，卷3，雜著1，頁92～93。

〔註84〕據〔清〕李桓《國朝耆獻類徵初編》紀載，六十七的著作有《遊外詩草》、《臺陽雜詠》、《臺灣番社采風圖考》、《西域聞見錄》，其中頗多錯誤。見〔清〕李桓輯：《國朝耆獻類徵初編（24）》，卷136，諫臣4，頁601。《西域聞見錄》作者應為另一滿州官員七十一，相關資料詳見方豪：〈乾隆初旅臺滿洲學人六十七〉，頁399～400；吳盈靜：〈一位滿裔漢人的臺灣詩情──論巡臺御史六十七及其詩作〉，頁100。關於《遊外詩草》與《臺陽雜詠》，吳盈靜認為《遊外詩草》始終不見錄於他書，甚至六十七本人參與重修的《臺灣府志》亦未有收，因此存疑待考；《臺陽雜詠》則應為雍正年間的巡臺御史夏之芳所作。見吳盈靜：〈一位滿裔漢人的臺灣詩情──論巡臺御史六十七及其詩作〉，頁100。因此六十七的編輯著作，筆者以他曾參與修纂的《重修臺灣府志》所載資料為準。見〔清〕范咸：《重修臺灣府志》，臺灣文獻叢刊第105種，卷19，雜記，雜著，頁573。

〔註85〕見何晉勳：〈六十七兩種《采風圖》及《圖考》之關係考察〉（《臺灣學研究》第6期，2008年12月），頁67。

　　巡臺期間，六十七頗為留意臺灣的絕俗殊風，其〈臺海采風圖序〉云：

>　　……間及採方問俗，物產之異，種種怪特，多中土所未見者。……
> 公餘之暇，即其見聞可據者，令繪諸冊若干幅。雖不能殫其十之二
> 三，而物土之宜、風俗之殊，亦足以表聲教之訖，獻雉貢獒，無煩
> 重譯也。……弁諸行篋，歸質於京華博雅君子，或亦有以迪寡昧而
> 廣集益也夫。〔註86〕

巡臺餘暇，六十七將中土未見之奇風怪俗、物產風土，命畫工繪圖記錄，序
中並提及可「歸質於京華博雅君子，或亦有以迪寡昧而廣集益」，而《番社采
風圖考》有同期漢籍御史范咸之序，亦說明此采風圖考「自黎人起居食息之
微，以及耕鑿之殊、禮讓之興，命工繪為圖若干冊，亦各有題詞，以為之考」
〔註87〕，都顯示采風圖考除了用以彰顯君王教化遠迄，表示自己克盡御史采
風問俗職責，收觀民風之效，亦具有博物性質，是供京城君子「考異俗、資
宏覽」，玩賞、博覽的藝術品。這些采風圖考今日被視為描繪十八世紀中葉臺
灣住民生活最原始且最具有系統的珍貴圖畫史料〔註88〕，但由序文可知，其
原本主要目的，其實是進貢、玩賞性質居多，六十七製作采風圖考，從為官
者、外來者、教化者的視角，帶有帝國中心思考及文化優越感。

　　六十七並與范咸重修《臺灣府志》，凡 25 卷，除增補高拱乾與劉良璧舊
志之缺失，亦正式於方志中刊載鄭成功之史實。〔註89〕六十七所輯之《使署
閒情》，收錄修志時未及附入的若干臺灣詩文，並曾為范咸《婆娑洋集》作序
〔註90〕。六十七蒐集、出版了諸多臺灣相關研究的珍貴史料，對臺灣文化資
料的保存與流傳有重大貢獻。其中與詩歌相關的著作當屬《使署閒情》，將於
下段詳述。

〔註86〕〈臺海采風圖序〉，見〔清〕六十七：《番社采風圖考》附錄1，臺灣文獻叢刊
　　　　第90種（臺北市：臺灣銀行經濟研究室，1961年），頁99。

〔註87〕見〔清〕六十七：《番社采風圖考》，范序，頁5。

〔註88〕見杜正勝：〈《番社采風圖》題解——以台灣歷史初期平埔族之社會文化為中
　　　　心〉（《大陸雜誌》第96卷第1～6期，1998年），頁1。

〔註89〕「范咸……對明鄭史事及其時遺老，做了詳盡的記述。……明鄭史事被
　　　　正式登上清代方志的，可以說是自范志開始。」見陳捷先：〈論清代臺灣地區
　　　　方志的義例〉，《漢學研究》第3卷第2期（總第6號）（臺北：漢學研究資料
　　　　及服務中心，1985年12月，方志學國際研討會論文專號第1冊），頁191。

〔註90〕〔清〕六十七：〈婆娑洋集序〉，見〔清〕六十七：《使署閒情》，卷3，頁110
　　　　～111。

三、《使署閒情》簡述

　　六十七之《使署閒情》，為其本身之詩集與若干臺灣詩文之合輯。《使署閒情》范咸之序云：

> 「使署閒情」者，巡臺給事六公輯臺江詩文成集而名之也。公本於使署之餘，作詩歌以適閒情，因有是集一卷；余與公修志時，已採入「雜著」中矣。既而志事已竣，公又搜得近時臺灣詩文若干首，不暇補入。公既珍惜此邦之文獻，且不忍沒人之長，因即移己之集之名以名之，而附己所作於後。〔註91〕

由序文可知，此書除了六十七自己的作品，也收錄其他文人與臺灣相關之詩文作品及雜文序跋。現存《使署閒情》凡 4 卷〔註92〕，第 1 卷除收錄賦體 2 篇，其餘皆為詩歌；第 2 卷所收則全為詩歌，六十七本身的詩作亦錄於此卷；第 3、4 卷為雜著，收錄奏、疏、檄、議、表、序、跋、碑記、牒文等雜體，有現已散佚的詩文集，其序、跋因收入此書而保留至今〔註93〕。由范序可知，《使署閒情》前身本為六十七自己的詩集，集公暇閒適所作之詩而為 1 卷，數量並不多，其後因重修《臺灣府志》，六十七等大量搜採臺灣詩文，府志修訂完成後，尚有若干新搜得者未及補入，六十七珍愛文獻，因而將之與自己的詩歌合為一輯。然筆者比對《使署閒情》與《重修臺灣府志》所收之詩歌，仍有多首重覆收錄（見頁 133，附錄一）。從臺灣道莊年之序：「巡使六公與侍御范公寅恭協好，嘗同修臺郡志，廣徵詩文。……屬厥竣，有未及纂者。公嗜才若渴，不及銓次其爵秩、篇目之序，隨所入，錄付梓人，……」〔註94〕可見《使署閒情》所收詩文，是隨收隨錄，逕行付印，篇次順序都未加以整理，可能因此而有重複收錄的情形。

　　六十七編輯《使署閒情》，第 1 卷即以周澎〈平南賦〉與高拱乾〈臺灣

〔註91〕〔清〕六十七：《使署閒情》，范序，頁 1。

〔註92〕現存《使署閒情》文本共 4 卷，而《重修臺灣府志》則稱 1 卷。見〔清〕范咸撰：《重修臺灣府志》，卷 19，雜記，雜著，頁 573。關於《使署閒情》的卷數問題，方豪認為，原《使署閒情》確為 1 卷，僅收六十七自身所作。後來府志修竣，六十七搜得的詩文，無法補入府志，只好以自己的詩集，作為所搜得的臺灣詩文之合集，反把自己的作品「附於後」了。見方豪：〈乾隆初旅臺滿洲學人六十七〉，頁 398～399。

〔註93〕如張湄《瀛壖百詠》，其中詩歌今散佚不全，《使署閒情》中錄有完整序、跋；范咸《婆娑洋集》全書亡佚，今只餘跋文。

〔註94〕〔清〕六十七：《使署閒情》，莊序，頁 3。

賦〉開篇，頗有對帝國平定、統治臺灣的歌頌之意，帝國中心思想十分鮮明。〔註95〕《使署閒情》所錄詩歌，多為來臺任官文人之作。第 1 卷所收，時序在六十七來臺之前，明鄭至乾隆初年的作品，如沈光文、臺郡丞孫元衡、鳳山令宋永清、諸羅縣令周鍾瑄；巡臺御史夏之芳、楊二酉、書山、張湄、熊學鵬等；第 2 卷則為六十七巡臺前後，乾隆 8 年（1743）至乾隆 12 年（1747）左右的詩作，多為六氏之官署同僚，官員之間唱和之作，如漢籍巡臺御史范咸、分巡臺灣道按察史司副使莊年、署臺灣海防捕盜同知張若霳等，可知清初來臺官員，作詩酬唱之風頗盛。六十七並收入與自己有酬唱往來的滿籍官員詩作，如福建按察使覺羅雅爾哈善、戶部員外郎伊福訥、工部右侍郎德齡，展現少數滿籍官員的詩才。除了宦遊來臺的官吏詩作，《使署閒情》亦收錄多首臺灣學府生員之詩〔註96〕，可見六十七愛惜文獻與鼓勵後進之心，也顯示了當時臺灣詩壇，本地士子亦有佳作，不再是外來宦遊文人一枝獨秀。

　　六十七的詩歌，《使署閒情》收錄於第 2 卷，共 48 首，另有詞作 2 首，內容有自京來臺之紀行，在臺期間之抒懷，與其他官員的唱和、題畫詩作等。來臺途中所作之詩，均有標誌日期，可概略勾勒六十七的赴任路線：自北京出發，經山東泰安、臨沂，過江蘇揚州、蘇州，至浙江杭州桐廬，其後抵臺。桐廬以後，則不見有詩。六十七在臺期間的詩，多為即事抒懷，以及與其他官員的酬答次韻之作，充滿閒適之感。六十七有不少與繪畫相關的詩作，亦有多首品評、題書他人畫作的題畫詩，從同期官員為六十七所作的題畫

〔註95〕周澎〈平南賦〉、高拱乾〈臺灣賦〉，見〔清〕六十七：《使署閒情》，頁 1～4、5～7。

〔註96〕如戴遜（臺灣縣人，乾隆年間生員）、徐元（臺灣人）、陳斗南（鳳山縣人，乾隆年間邑諸生）、周日燦（臺灣諸羅縣人，乾隆 4 年（1739）歲貢）、葉泮英（臺灣縣人，乾隆年間臺灣府學附生）、李雰（臺灣縣人，康熙 54 年（1715）例貢）、王璋（臺灣縣人，康熙 32 年（1693）舉人）、范學洙（諸羅縣人，乾隆 6 年（1741）臺灣府學歲貢生）、陳輝（臺灣縣人，乾隆 3 年（1738）舉人）、盧九圍（臺灣縣人，乾隆年間邑諸生）、方達聖（臺灣縣人，乾隆年間生員）、林麟昭（臺灣縣生員，乾隆間府學邑庠生）、傅汝霖（鳳山縣人，乾隆年間附生）、鄭應球（鳳山縣人，康熙 52 年（1713）鳳山縣恩貢生）、秦定國（乾隆 23 年（1758）彰化縣儒學生員）、錢元起（臺灣縣人，乾隆年間生員）、張英（鳳山縣人，乾隆年間臺灣府學庠生）、林青蓮（鳳山縣人，乾隆年間生員）、陳廷藩（臺灣縣人，乾隆年間臺灣府學庠生）。以上人物資料參見〈全臺詩・智慧型全臺詩資料庫〉http://xdcm.nmtl.gov.tw/ twp/b/b02.htm。

詩來看，六氏應該雅擅丹青，並喜愛以繪畫、題畫與其他官員文士交際酬答。〔註97〕

第三節　錢琦及其《澄碧齋詩鈔》

錢琦，乾隆 15 年（1750）巡臺，雅好吟詠，甚有詩才，著有詩集《澄碧齋詩鈔》12 卷，為錢琦現存之完整詩集，集中詩歌所跨時間近五十年，記錄了詩人一生行使四方之仕宦軌跡，頗有研究價值。以下就錢琦其人之生平、文藝、著作，以及詩集《澄碧齋詩鈔》作一簡述。

一、生平事蹟〔註98〕

錢琦（1709～1790），生於康熙 48 年（1709），卒於乾隆 55 年（1790）。〔註99〕字相人、湘人、湘萼，〔註100〕號嶼沙，又號述堂，晚號耕石老人，浙江仁和（今杭州）人。清乾隆 2 年（1737）進士，選庶吉士，乾隆 4 年（1739）散館授編修。〔註101〕乾隆 10 年（1745）曾任乙丑科會試考官〔註102〕，乾

〔註97〕六十七有〈畫竹〉、〈題畫山水〉、〈題碧桃花〉、〈畫菊〉、〈題張司馬七夕乘槎圖〉、〈戲題張司馬三盃草聖圖〉等詩，見《使署閒情》，頁 59、62～64；臺灣道莊年則有〈題六給諫看竹圖〉一詩，見《使署閒情》，頁 77。方豪：〈乾隆初旅臺滿洲學人六十七〉一文提及六十七的繪畫，頁 404～405。

〔註98〕錢琦生平事略參〔清〕錢琦：《澄碧齋詩鈔》，收入國家清史編纂委員會編：《清代詩文集彙編》第 315 冊（上海：上海古籍出版，2010 年），頁 252；《全臺詩》第 2 冊，頁 319；《臺灣歷史人物小傳——明清時期》，頁 341～342；〔清〕蘇樹蕃：《清朝御史題名錄》，頁 285；〔清〕李桓輯：《國朝耆獻類徵初編（29）》，卷 178，疆臣 30，頁 203～209；唐一明：〈清代巡臺御史傳略及詩錄〉，頁 91～92；唐一明：〈清代巡臺御史傳略（續）〉，頁 51；《臺灣通志》，列傳，政績，頁 481；臺灣省文獻委員會編：《重修臺灣省通志》，卷 9，人物志，頁 132。

〔註99〕見《澄碧齋詩鈔》，頁 252。錢琦〈送曾南村尚增同年之郴州任〉一詩，「磨蝎況同宮」句，下注「余兩人皆己丑生」，可知錢琦生於己丑，即康熙 48 年（1709），《臺灣歷史人物小傳——明清時期》所植生年 1704 有誤。見《澄碧齋詩鈔》，頁 355；《臺灣歷史人物小傳——明清時期》，頁 341；《臺灣通志》，臺灣文獻叢刊第 130 種，列傳，政績，頁 481。

〔註100〕見錢實甫編：《清代職官年表》第 4 冊，頁 3272。

〔註101〕錢琦進士登科是年（1737）有〈引見養心殿蒙　恩改庶吉士恭紀〉詩；卷 3 小序：「己未（1739）散館蒙　恩授職編修，……」，可知詩人任庶吉士及編修的時間。見〔清〕錢琦：《澄碧齋詩鈔》，頁 271、276；〔清〕朱汝珍輯：《詞林輯略》，卷 4 乾隆二年丁巳恩科，頁 151；〔清〕王昶撰，〔清〕毛慶善編：《湖海詩人小傳》，收入周駿富輯：《清代傳記叢刊》第 24 冊（臺北市：明文書局，1985 年），卷 7，頁 509。

隆 14 年（1759）任河南道監察御史，後轉工科給事中。〔註103〕乾隆 15 年（1750）11 月，遷巡臺御史，兼提督學政。〔註104〕乾隆 21 年曾任丙子科順天鄉試同考官〔註105〕，乾隆 24 年任江蘇常鎮揚通道〔註106〕、己卯科鄉試江南副考官〔註107〕，後再任江安糧道〔註108〕。乾隆 28 年（1763）任江蘇按察使〔註109〕，乾隆 30 年（1765）遷四川布政使〔註110〕，乾隆 31 年（1766）調江西布政使、福建布政使〔註111〕。乾隆 43 年（1778），特准錢琦以原品休致，回籍終養。〔註112〕

　　錢琦雅好吟詠，為巡臺御史中之能詩者，〔註113〕著有《澄碧齋詩鈔》12卷。其詩神清韻幽，深不墜晦，質而不俚，巧而不纖，海外諸詩，尤為雄偉。錢琦自謂好探險耽奇〔註114〕，「所閱瞿塘巫夔，驚江危棧之險，北固金焦雲水之壯，鍾阜秦淮之秀麗，匡廬武彝仙釋之棲，南極海外、鯤身鹿耳之阻，蠻烟瘴雨、日月出陟之鄉」〔註115〕，宦遊足跡遍及大江南北，其豪儁瑰瑋之性情，盡見於海外之詩。

〔註102〕見《清秘述聞三種》（上），頁 458。

〔註103〕見〔清〕蘇樹蕃：《清朝御史題名錄》，頁 285；秦國經主編：中國第一歷史檔案館藏《清代官員履歷檔案全編》第 2 冊（上海市：華東師範大學出版社，1997 年），頁 81。

〔註104〕「庚午（1750）歲屆賓興，方奉命監試院事未竣，尋受詔巡按臺灣……。」見《澄碧齋詩鈔》，頁 316。

〔註105〕見《清秘述聞三種》（上），頁 469～470。

〔註106〕《清代官員履歷檔案全編》第 2 冊，頁 81。

〔註107〕見《清秘述聞三種》（上），頁 199。

〔註108〕見錢實甫編：《清代職官年表》第 3 冊，頁 2068。

〔註109〕同上註。

〔註110〕同上註，頁 1846。

〔註111〕同上註，頁 1847；〔清〕袁枚：〈墓誌銘〉，收錄於《澄碧齋詩鈔》，頁 256。

〔註112〕錢琦〈采蘭集上〉小序：「戊戌（1778）秋復奉特旨，准予在籍終養，……」。見《澄碧齋詩鈔》，頁 360。〈終養事竣赴　闕謝　恩重荷　聖慈放歸田里恭紀四首〉其二有句「特署新銜是舊官」，下注「先是以京堂用，至是許仍照原銜回籍」，皇帝賜其保留官銜返鄉終養，甚是禮遇。見《澄碧齋詩鈔》，頁 381。《清代職官年表》亦記載「錢琦……乾四十三休。」見錢實甫編：《清代職官年表》第 4 冊，頁 3272。

〔註113〕連橫《臺灣詩乘》：「巡臺御史之能詩者，若范九池之《婆娑洋集》、張鷺洲之《瀛壖百詠》，蜚聲藝苑，傳播東寧；而錢璵沙御史足與拮抗……。」見連橫：《臺灣詩乘》，卷 2，頁 58。

〔註114〕錢琦詩自言：「平生癖性耽奇險」。見〔清〕錢琦：〈灤河雜詩〉，《澄碧齋詩鈔》卷 7，頁 319。

〔註115〕朱仕琇序，見《澄碧齋詩鈔》，頁 255。

錢琦少時刻苦力學，15 歲受教於仁和縣令胡作柄。胡每月聚集諸生會文，錢琦所居漁塘，離縣署有 20 餘里，他四鼓即起，步行至署等候開門；若遇天雨，則脫履踏亂石中，以致雙足流血，縣令憐憫其苦學之心，留他在署居住讀書。其後胡作柄罷官，錢琦生活困頓，謀生於市井，仍手不釋卷，有族叔哀憫其志，助其完成學業。〔註 116〕及入仕，錢琦性情耿介，體恤民情，敢於進言，袁枚稱其「立朝有風節，仕外多惠政」〔註 117〕，所寫〈墓誌銘〉記載數件事蹟：任河南道監察御史，直言參奏兩江總督黃廷桂，操辦皇帝南巡一事擾民，百姓頗有怨言，當時黃廷桂恩眷隆盛，百官無人敢攖其鋒，錢琦卻仍據實上奏，其後帝採其言，民情大安。〔註 118〕任巡臺御史，對彰化生番殺人一案據實稟奏，與意圖包庇武官的閩浙總督所奏相異，帝下旨嚴飭，錢琦仍不改其奏。奉旨稽查裕豐倉，將橫索倉規的番役李五戴枷示眾，並將同謀為惡的 40 名番役全數裁革。任江蘇按察使，彈劾貪官酷吏，興利除弊；任福建布政使，行事當機立斷，禦寇保民。〔註 119〕袁枚與錢琦交好，其墓誌銘或有溢美之辭，然從種種事蹟，仍可一窺錢琦為人。

錢琦於乾隆 16 年（1751 年）2 月左右抵臺任事〔註 120〕，次年 8 月因兇番殺人案而遭革職返京，共計在臺 1 年餘。蒞任未久，12 月初彰化縣便發生兇番殺死民兵事件，巡臺御史立柱與錢琦對此案之奏報，與福建巡撫潘思渠、閩浙總督喀爾吉善等福建方面的奏報相異，引起乾隆的不滿，加上立、錢的奏摺抵達朝廷的時間較晚，使乾隆認為臺灣方面奏報延遲，有掩飾案情之嫌，命其再查覆奏。〔註 121〕有人勸錢琦更改前奏，以順督臣之意，錢琦卻認為

〔註 116〕見〔清〕袁枚：〈墓誌銘〉，收錄於《澄碧齋詩鈔》，頁 257。

〔註 117〕袁枚序，見《澄碧齋詩鈔》，頁 253。

〔註 118〕見〔清〕袁枚：〈墓誌銘〉，收錄於《澄碧齋詩鈔》，頁 256。

〔註 119〕同上註，頁 257～258。

〔註 120〕唐一明認為錢琦抵臺時間為乾隆 16 年（1751）11 月，應誤。錢琦於乾隆 15 年（1750）8 月奉旨巡臺，從北京出發，不可能遲至 16 年底才抵達臺灣，且錢琦有詩「記持玉節下烟霄，二月東風渡海潮」，推測錢琦渡海來臺之時應為 16 年 2 月，抵臺可能在 2 月左右。參見唐一明：〈清代巡臺御史傳略（續）〉，附錄，頁 51；《清高宗實錄選輯》，乾隆 15 年 8 月 29 日條，頁 80；〔清〕錢琦：〈留別臺灣父老〉二首之二，《澄碧齋詩鈔》卷 8，頁 335。

〔註 121〕此案所以造成不同的調查結果，在官員們對於逞兇者究竟為生番熟番，意見不一。生番殺人重，熟番殺人輕，處分不同，錢琦等的奏摺即指出「生番越界，文武均干嚴議；若熟番只照尋常命案歸結」，歷來犯案大率其先均指為熟番，受害百姓可以分享熟番田產，以致造成官民皆援例以熟番肇事上奏，藉此免避處分，諉卸責守。見乾隆 17 年 4 月 20 日，巡視臺灣戶掌印給事中立

「生番殺人，熟番抵命，是以人命為兒戲」，執前奏益堅。〔註122〕雖然事件最後錢琦遭降級處分，但仍顯示出他處事擇善固執，耿直剛正的性格。〔註123〕巡臺期間，錢琦同時兼理提督學政，對臺灣學政用心至深，唯恐臺地學子之人品學術不能與中土相比，不僅留意學子之人格品行，考校課業更是親力親為，「日閱數百卷，目不轉瞬、手不停披，曾不以勞故而稍有旁貸」，對貧困乏資的學子，加意撫卹，甚至慷慨解囊，捐俸資助，勸學興文，提振了臺灣學風。〔註124〕

二、生平著作

　　錢琦著有《澄碧齋詩鈔》12卷，並曾為《重修臺灣縣志》與《澎湖紀略》作序〔註125〕。《重修臺灣縣志》序，作於乾隆17年（1752）10月，記臺灣府臺灣縣知縣魯鼎梅修志之事，因舊縣志書寫不精、語焉不詳，年久未修而諸多殘闕，魯鼎梅請來西江名進士王必昌協助修志，並集臺郡文士，共相商訂，

柱、巡視臺灣兼理學政河南道監察御史錢琦：〈奏報查究辦理兇番殺害兵民各緣由〉摺，收入《宮中檔乾隆朝奏摺》第2輯，頁709。錢琦認為生番逞凶，應據實奏報，而非以無辜熟番抵罪，推諉卸責，因此與福建方面官員意見相左。

〔註122〕見〔清〕袁枚：〈墓誌銘〉，收錄於《澄碧齋詩鈔》，頁257。

〔註123〕此案結果，巡臺御史立柱與錢琦，因遲延未奏、未親往查勘實情、含糊入告等失職罪名，遭降級處分。見乾隆17年9月3日，巡視臺灣戶掌印給事中立柱：〈奏為未能訪奏彰化兇番戕殺民兵案銷去加級謝恩〉摺，收入《宮中檔乾隆朝奏摺》第3輯，頁739。錢琦雖聲稱據實以報，然仍有疏失之處。何孟興指出，此案經朝廷派專人至臺調查，結果認為是熟番因奪地起釁，與民人挾仇，遂入山勾引生番逞凶焚殺。兇嫌雖為生番，主謀卻是熟番。雖錢琦等正直地堅執「生番殺人，熟番抵命，是以人命為兒戲」，然卻未能親往探究此案肇事動機始末，即為彼等之失。見何孟興：〈清初巡臺御史制度之研究〉，頁132～133。湯熙勇亦認為，此案涉及人員甚眾，內情曲折複雜，本就不利於調查，加之清律對於疏防及不能緝盜之失職官員處分過於嚴苛，造成臺灣文武官員刻意掩飾案情，巡臺御史立柱與錢琦又未能善盡稽查之責，導致此案拖延甚久。見湯熙勇：〈清乾隆十六年臺灣彰化之番殺兵民事件——清廷的調查處理及其對治臺措施的影響〉（收入臺灣史蹟研究中心編印：《臺灣史研究學術討論會論文集》，1989年12月），頁62。

〔註124〕見謝家樹：〈巡臺錢公去思碑〉，收入〔清〕余文儀：《續修臺灣府志》，卷22，藝文3，頁808。

〔註125〕見〔清〕胡建偉：《澎湖紀略》，錢序，臺灣文獻叢刊第109種（臺北市：臺灣銀行經濟研究室，1961年），頁1～2；〔清〕王必昌：《重修臺灣縣志》，錢序，頁3～4。

「取舊志之缺者補之、略者詳之、繁者芟之、訛者正之」〔註126〕。而《澎湖紀略》序，則作於乾隆 36 年（1771）8 月，時錢琦任福建布政使，其序言胡建偉編纂之紀略一改前人舊作之胡言怪論，紀事「提綱挈目，部署編次，悉中條理」〔註127〕，對天、時、氣候一一圖注，對航海者極有幫助，並述臺灣民生勤苦，王化漸深，有宣上德而達下情之效。上述二序，錢琦云為官為吏者「承流宣化，責任重鉅」〔註128〕，以教化邊疆百姓、發揚君王恩德為己任，認為臺郡自入清廷版圖，至近來人文蔚起，禮教聿興，制度大備，是由於「聖天子涵濡樂育，久道化成」〔註129〕、「我皇上壽考作人之化，無遠弗屆、無微不燭，宇內淪浹矣」〔註130〕，可見錢琦為文，深具為官者、外來者、統治者、教化者的身分與視角。

錢琦之詩集《澄碧齋詩鈔》，《清史》、《臺灣詩乘》等書皆記載已佚。〔註131〕近年《清代詩文集彙編》的出版，使眾多湮沒已久的清人詩文集得以重現於世，《澄碧齋詩鈔》即為其一，這是前人研究尚未注意到的材料，頗有可觀，將於下段詳述。

三、《澄碧齋詩鈔》簡述

《澄碧齋詩鈔》為錢琦現存之完整詩集，所錄詩歌，時序約自乾隆 2 年（1737），至乾隆 50 年（1785）左右。呈現詩人行使四方之仕宦軌跡。《清代詩文集彙編》所收錄之《澄碧齋詩鈔》，據清光緒 22 年刻湖墅錢氏家集本影印，共 12 卷。每集卷首均附有小序，說明此卷命名因由；最後附有別集 2 卷。錢琦在臺期間之詩作，收錄於第七、八卷縱遊草。詩集卷首有袁枚、申發祥、朱仕琇之序，袁枚所寫之墓誌銘，以及從吳顥《杭郡詩輯》中節錄的作者小傳；卷末則有後學張時風之跋。袁枚稱其詩「其神清，其韻幽，曲致而不晦於深，直言而不墜於淺」〔註132〕；申發祥評其「詩得中氣，高不入粗，深不

〔註126〕〔清〕王必昌：《重修臺灣縣志》，錢序，頁 3。

〔註127〕〔清〕胡建偉：《澎湖紀略》，錢序，頁 1。

〔註128〕同上註，頁 2。

〔註129〕〔清〕王必昌：《重修臺灣縣志》，錢序，頁 3。

〔註130〕〔清〕胡建偉：《澎湖紀略》，錢序，頁 2。

〔註131〕見《清史》卷 149，〈藝文志〉（臺北：國防研究院，1961 年 10 月，臺初版），頁 1824。連橫《臺灣詩乘》：「錢璵沙御史……惜無全集可資雒誦，唯就諸書所載，採而入之。」見連橫：《臺灣詩乘》，頁 58。

〔註132〕袁枚序，見《澄碧齋詩鈔》，頁 253。

墜晦，質而不俚，巧而不纖」，「唯有真性情」〔註133〕；朱仕琇之序，與吳顥之小傳均指出，錢琦「海外諸詩，尤為雄偉」〔註134〕。而袁枚為他所撰之墓誌銘，除概述錢琦生平與兩人知交情誼，更盡錄其一生仕宦功績。錢琦與袁枚相交五十餘年，雖不免有溢美潤飾之筆，仍不失為錢琦生平事蹟的極佳參考資料。別集 2 卷附錄於最後，收羅甚廣，除詩歌外，亦收錄頌、箴、銘、家言等雜文。

（一）各卷概述

《澄碧齋詩鈔》12 卷，分別為：卷一漁塘野唱、卷二觀光草、卷三山水屏開集、卷四行役集、卷五榮遇集、卷六思補集、卷七、八縱遊草、卷九虛厂集、卷十驚候集、卷十一、十二采蘭集，收錄詩歌九百四十餘首。

1. 第一卷漁塘野唱

「漁塘」為錢琦故里，名曰「野唱」，除自比牧吹樵歌，亦有作詩之樂，無當風雅、不知聲律之意。〔註135〕此卷收錄錢琦與里中詩友即景拈題的少時舊作，徜徉故鄉西杭美景，花晨月夕，寫詩純為少年樂事。時序在乾隆 2 年（1737）詩人登科赴京之前〔註136〕，主要在家鄉浙江杭州一帶活動，多尋幽訪勝、詩友唱和、題畫等閒逸之作。

2. 第二卷觀光草

此卷約作於乾隆 2 年（1737）登科前後，詩人赴京殿試，並在京述職，任庶吉士。〔註137〕詩人別過故鄉親友，由杭赴京，旅途中見山高水大，首都京華冠蓋，眼界大開。此卷收錄錢琦赴京途中及在京之聞見、與京中同事詩友的酬唱之作、思鄉懷友之情，並有若干應制之詩。

3. 第三卷山水屏開集

乾隆 4 年（1739），錢琦散館授編修〔註138〕，此卷收錄詩人任職編修院

〔註133〕申發祥序，袁枚序，見《澄碧齋詩鈔》，頁 254。

〔註134〕朱仕琇序；吳顥《杭郡詩輯》錢琦小傳，同上註，頁 255、258～259。

〔註135〕卷 1 小序：「名曰野唱者，比之牧吹樵歌，無當風雅，抑并不知聲律為何物也」。見《澄碧齋詩鈔》，頁 260。

〔註136〕下卷之詩有乾隆 2 年（1737）錢琦登科前後之作，故推測此卷作於其赴京之前。

〔註137〕此時期有〈榜下紀〉、〈五月朔日對策〉、〈六日赴宴〉、〈七日領表裏〉、〈引見養心殿蒙　恩改庶吉士恭紀〉等殿試及授職相關詩作，時序應為乾隆 2 年（1737）錢琦登科前後。見《澄碧齋詩鈔》，頁 270～271。

〔註138〕卷 3 小序：「己未（1739）散館蒙　恩授職編修，……」同上註，頁 276。

時期的作品，多為與翰林院同事詩友京城遊賞、酬答唱和之作。卷末有〈悼亡〉詩 4 首，可知詩人此時期痛喪愛妻〔註 139〕；卷末有詩人哀其岳父母之喪所成短句，其中部分身世自述，有助於了解詩人早年生平概略。〔註 140〕

4. 第四卷行役集

此卷無小序，推測作於乾隆 7 年（1742）前後〔註 141〕。其時詩人遭逢喪事，返鄉守制。觀此卷詩歌，活動範圍約在江蘇蘇州、淮安、揚州，浙江杭州、溫州等地，所錄多為旅途之紀行感懷，以及與故人詩友攬勝、贈答、酬唱之作。

5. 第五卷榮遇集

乾隆 8 年（1743）秋，詩人守喪期滿返京，適逢皇帝宴請詞臣，躬逢其盛，沐其膏澤，故名此卷「榮遇」，除有自幸之意，更有以文章報國恩之思。〔註 142〕此卷作於乾隆 8 年（1743）秋至乾隆 13 年（1748）除夕〔註 143〕，所收詩歌，多為恭和御制詩作、歌頌君功、或宮宴紀恩等應制之詩，以及與京中同事詩友的分韻、酬唱之作。

6. 第六卷思補集

應作於乾隆 14 年（1749）左右〔註 144〕。卷首小序云，詩人出任御史，兢兢業業，以孝經「進思盡忠，退思補過」自勉，故名。〔註 145〕此卷亦多為歌功頌德之應制詩，與同事詩友之酬唱詩。

7. 第七、八卷縱遊草

作於乾隆 15 年（1750）末至乾隆 16 年（1751）〔註 146〕，收錄詩人巡臺

〔註 139〕〔清〕錢琦：〈悼亡〉，見《澄碧齋詩鈔》，頁 283。

〔註 140〕〔清〕錢琦：〈妻弟魏夏初鼎以外舅外姑兩大人遺照郵寄屬題敬成短句，感舊述懷，不知是淚是墨也〉，見《澄碧齋詩鈔》，頁 283～284。

〔註 141〕後卷時序始於乾隆 8 年（1743）秋，推測此卷可能作於乾隆 7 年（1742）前後。

〔註 142〕參卷 5 小序，見《澄碧齋詩鈔》，頁 293。

〔註 143〕卷 5 小序：「癸亥（1743）服闋，奉慈命入京……」，卷中詩〈聖駕東巡禮成恭紀〉之詩序云「乾隆戊辰（1748）春，皇帝東巡……」；卷末〈除夕〉有句「而我年四十，鬢髮已蒼蒼」（按：1748，時錢琦 40 歲），可知此卷作於乾隆 8 年（1743）秋至乾隆 13 年（1748）末。見《澄碧齋詩鈔》，頁 305、308。

〔註 144〕前卷時序終於乾隆 13 年（1748）末，後卷始於乾隆 15 年（1750），故推測此卷可能作於乾隆 14 年（1749）前後。

〔註 145〕參卷 6 小序，見《澄碧齋詩鈔》，頁 309。

〔註 146〕卷 7 小序云，錢琦於庚午歲（1750）接任巡臺御史。見《澄碧齋詩鈔》，頁

前後，往還道路，以及在臺期間的作品。小序有云，此行奇絕冠平生，巡歷之山川風土，古今名人屐齒之所未到，故取鄭谷「縱遊雲水無公事」之句為卷名。〔註147〕乾隆15年（1750）底，詩人奉旨巡臺，從京城出發，途中先返家（杭州）省親，再由浙江杭州、衢州，至福建福州，由廈門渡海，經澎湖抵臺。錢琦於乾隆16年（1751年）2月抵臺，次年9月返京〔註148〕，在臺1年有餘。值得注意的是，此卷所錄在臺詩作，計有74首是《全臺詩》沒有收錄的（見頁136，附錄二），大大擴增了錢琦的在臺詩作數量。

8. 第九卷虛敝集

詩人由臺返京，寓京城前輩故居，見簷楹依舊，物是人非，不勝俯仰今昔之感，引《易》「虛敝室舊，更為新家」為名。〔註149〕此卷應作於乾隆17年（1752）至乾隆21年（1756）左右〔註150〕，詩人在京任職，作品多為歌功頌德的應制之詩，以及與京中同事、詩友的題畫、酬唱之作。

9. 第十卷驚候集

詩人出仕頻繁，馳驅四方，對景物節令之變化，特別容易感時傷懷，懍然不自禁，故取杜審言詩「獨有宦遊人，偏驚物候新」為卷名。〔註151〕此卷應作於乾隆22年（1757）至乾隆24年（1759）〔註152〕，此時期詩人多次出巡，先是奉旨巡漕，由潞河至北倉（北京、天津一帶）；後至江蘇地區巡城；乾隆24年（1759），出任己卯科鄉試江南副考官，赴南京主試〔註153〕。詩歌多宦遊紀行、詩友酬唱之作。

316。錢琦於乾隆16年（1751年）2月抵臺任事，次年9月返京。見《宮中檔乾隆朝奏摺》第3輯，頁826。可知此二卷詩歌之時序。
〔註147〕參卷7小序，見《澄碧齋詩鈔》，頁316。
〔註148〕《宮中檔乾隆朝奏摺》第3輯，頁826。
〔註149〕參卷9小序，見《澄碧齋詩鈔》，頁337。
〔註150〕卷9小序有「臺陽使回復……」，以及詩〈送周侍讀景垣煌同年奉 使冊封琉球〉（按：周煌於乾隆21年（1756）出使琉球，可推測此卷作於錢琦自臺返京之後，乾隆17年（1752）至乾隆21年（1756）左右。見〔清〕李桓輯：《國朝耆獻類徵初編（19）》，卷83，卿貳43，頁21；《澄碧齋詩鈔》，頁337、344。
〔註151〕參卷10小序，見《澄碧齋詩鈔》，頁348。
〔註152〕卷中有詩〈聖駕南巡恭紀〉（按：應為乾隆22年（1757），第二次南巡），亦有乾隆24年（1759）出任江南地區鄉試考官赴任途次、入闈恭紀，以及與同考官裴漫士唱和等相關詩作，可推測此卷作於乾隆22年（1757）至乾隆24年（1759）左右。見《澄碧齋詩鈔》，頁350、356～359。
〔註153〕錢琦為乾隆24年（1759）己卯科鄉試江南副考官，正考官則為戶部侍郎裴日修（字叔度，號漫士）。見《清秘述聞三種》（上），頁199。

10. 第十一、十二卷采蘭集

集詩人晚年宦遊紀行以及歸田後作為 2 卷，卷名采蘭，為誌君恩、介母壽。〔註154〕第十一卷應作於乾隆 24 年（1759）至乾隆 43 年（1778）左右〔註155〕，此時期詩人歷任江南考官、江安糧道、江蘇按察使、四川布政使、江西布政使、福建布政使，詩歌多為宦遊紀行、詩友酬唱之作，並有不少自題畫詩〔註156〕，顯示詩人應善繪畫。第十二卷應作於乾隆 43 年（1778）以後〔註157〕，時詩人年屆七十，皇帝准其原銜回籍，歸居故里。此時期之作品，則以退休後的閑居情懷，與故舊、詩友之集會、酬唱為主。

11. 別集 2 卷

第一卷所收主要為集句詩；第二卷則收錄頌、箴、銘、家言等雜文。

第四節　小結

張湄、六十七、錢琦三位御史，為御史詩歌發展極盛期的詩人，傳世作品較多，並有完整之詩集（或編集）：張湄著有《柳漁詩鈔》12 卷，六十七編有《使署閒情》4 卷，錢琦則有《澄碧齋詩鈔》12 卷。

張湄能文善詩，學識宏贍，生平著作多樣，除了詩歌、賦作及序文，並曾將臺灣學子文士之佳作，編為合輯，有盡御史教化之責，為朝廷搜羅才士之意。其作流露出為官者、外來者之視角，帝國中心思考鮮明。其詩集《柳漁詩鈔》收錄了雍正 7 年（1729）至乾隆 13 年（1748）前後，張湄三十餘歲至五十餘歲之詩作，期間仕宦足跡除北京、山東，更曾遠至雲南、臺灣等地，詩集呈現出詩人與同僚詩友的酬唱情形，以及旅宦在外的遊子心境與仕宦軌跡。其丁憂杭州之時，與南屏詩社諸詩友的大量贈答酬唱作品，亦可為杭州詩社相關研究的參考資料。《柳漁詩鈔》所錄巡臺相關詩作，主要集中於第七、

〔註154〕參卷 11 小序，見《澄碧齋詩鈔》，頁 360。

〔註155〕由卷 11 之詩題觀察此時期錢琦的仕宦軌跡，達江南、江蘇、四川、江西、福建等地，依其任官時間推測，此卷應作於乾隆 24 年（1759）至乾隆 43 年（1778）之間。見《澄碧齋詩鈔》，頁 360〜372。

〔註156〕錢琦〈自題呼龍耕烟種瑤草第二圖〉詩，詩序云「余壬戌歲所繪影也」。見《澄碧齋詩鈔》卷 11，頁 367。

〔註157〕卷中有詩〈歸興八首〉，記詩人退休返鄉心境，此後多為詩友酬唱、集會、題畫之詩，因此推測此卷作於詩人乾隆 43 年（1778）退休歸鄉之後。見《澄碧齋詩鈔》，頁 373〜374。

八卷海槎集。張湄之百詠詩《瀛壖百詠》,《柳漁詩鈔》僅錄 4 首〔註 158〕,應是百詠詩已另外刊行之故。因此就張湄在臺詩作而論,《柳漁詩鈔》所收數量少於《全臺詩》。〔註 159〕另外值得留意的是,海槎集錄有張湄接旨後動身來臺途中,以及由臺返京途次詩作,《全臺詩》並未注意、收錄張湄此類詩作,然卻錄有乾隆 8 年（1743）滿籍巡臺御史六十七由京來臺途中之詩〔註 160〕。來臺、返京仕宦途次所作,與詩人創作情懷、詩歌視域密切相關,或許能從中尋得若干與巡臺事務或來臺心境相關的蛛絲馬跡,對研究頗有助益,因此筆者於後續章節,將會把此類詩作一併納入討論。

　　六十七文才敏贍,博學洽聞,巡臺期間,將臺灣之奇風怪俗、物產風土繪圖,用以彰顯君王教化遠迄,克盡御史采風問俗之責,以觀民風,並思能攜回供京城君子玩賞、博覽,具有博物性質,原主要目的,實為進貢、玩賞,從為官者、外來者、教化者的視角,帶有帝國中心的思考以及文化優越感,六十七為滿籍御史,這樣的視角相較於其他二位漢籍御史,似乎更為鮮明。編集《使署閒情》,為六十七自身詩集,以及參與修纂的《重修臺灣府志》修竣後,未及補入的臺灣詩文合輯。所收詩文,是隨收隨錄,逐行付印,篇次順序都未加以整理,或許因此與《重修臺灣府志》所收詩歌有多首重覆。六十七自身的詩歌收錄於《使署閒情》第 2 卷,共 48 首,另有詞作 2 首,內容為自京來臺之紀行,在臺期間之抒懷,與其他官員的唱和、題畫詩作等。《使署閒情》所錄詩歌多為來臺任官文人之作,時序橫跨南明至清乾隆年間,主要以六十七來臺前後,乾隆 8 年（1743）至乾隆 12 年（1747）年左右的詩作為多,可見清初來臺官員作詩酬唱風氣之盛。其中並錄有多首臺灣學府生員的詩作,顯示六十七愛惜文獻與鼓勵後進之心。六十七所輯之《使署閒情》,蒐集、保留了諸多作品,采風圖考今日亦被視為珍貴的圖畫史料,不論最初編輯的主要目的為何,都不能否認六十七對臺灣文化資料的保存與流傳,貢獻重大。

〔註 158〕〈水沙連〉、〈劍潭〉、〈澄臺〉、〈五妃墓〉4 首。見《柳漁詩鈔》,頁 363。

〔註 159〕《柳漁詩鈔》所錄張湄在臺詩作（包含渡海詩）計有 72 首,少於《全臺詩》之 132 首。

〔註 160〕有〈乾隆九年（1744）元日於泰安州崔家莊驛望闕拜賀恭紀短句〉、〈過新泰縣羊流驛懷古〉、〈蒙陰道中紀事〉、〈正月五日書所見〉、〈曉發桃源道中口占〉、〈渡揚子江〉、〈舟中晚眺〉、〈夜泊吳江〉、〈武林下里謠〉、〈泊舟錢塘江口〉、〈富陽道中〉、〈曉發桐廬縣望嚴先生祠堂〉、〈桐江紀事〉等詩。見《全臺詩》第 2 冊,頁 250～252。

　　錢琦雅好吟詠，甚有詩才，現存著作，有序文及詩集，其中為官為吏者
的帝國中心視野、思想亦十分鮮明。其詩集《澄碧齋詩鈔》，時序橫跨乾隆 2
年（1737）至乾隆 50 年（1785）前後，收錄詩人二十餘歲至八十歲的詩作，
頗有可觀。錢琦甚為高壽，其宦遊足跡遍及北京、天津、河南、江蘇、四川、
江西等地，更遠至臺灣。《澄碧齋詩鈔》幾乎完整收錄了錢琦一生的詩作，更
是前人尚未注意到的研究素材，除了可作為詩歌研究的重要資料，對詩人的
生平事略與仕宦軌跡，也能有更進一步的了解。其中巡臺相關詩作，主要收
錄於第七、八卷縱遊草，有錢琦巡臺前後，往還道路，以及在臺期間的作品，
其中有 74 首《全臺詩》並未收錄，擴增了錢琦巡臺詩作之數量，使研究資料
更為完備，令人可喜。

第四章　巡臺御史詩歌的題材分析

　　本章探討巡臺御史詩歌的主要類型，根據詩人活動與詩歌內容，概分為巡臺紀行、巡行教化、臺灣風物、雜感抒懷、雅集酬唱等五大類進行討論。以張湄、六十七、錢琦三位御史詩人之作品為考察核心，分析其詩歌類型及寫作特點，進而歸納出巡臺御史詩歌的書寫特色。

第一節　巡臺紀行

　　巡臺御史赴臺上任，其由京至臺途次之作，除了反映御史的來臺路線，也紀錄了詩人遠赴海疆為官的心境，其卸任途次之作亦然；其中，「渡海」更是御史們途中必經的考驗，故相關詩作具指標意義。而臺灣的地理位置與氣候風俗與中原迥異，御史詩人歷經重洋天險，初臨臺陽，其詩多可見詩人對臺灣的印象速寫，以及來臺巡察之職責抱負，亦是值得討論的部分。本節聚焦於御史詩人來臺赴任、卸任途次，以及抵臺之時的紀行、抒懷詩作，依序分為赴任途次、渡海紀行、抵臺抒感、卸任途次四項進行論述。

一、赴任途次

　　當詩人獲得皇帝欽點，成為巡臺御史，便要立即離京上任，遠赴海疆。從他們由京至臺的途次詩作，可以得知御史們大多於年底從北京動身赴任，因此必須在外地度過新年。如張湄有〈庚申（1740）十二月三日出廣寧門作〉：

> 朔吹搖行斾，翩然出國門。豈無離別意，殊荷聖明恩。
> 雪影窮冬樹，笳聲落日邨。迴頭愁北望，八口異方存。〔註1〕

〔註1〕〔清〕張湄：《柳漁詩鈔》卷7，頁357。可知張湄於乾隆5年（1740）12月3日自北京出發赴臺。

詩題明確記錄了張湄從北京動身出發的時間，在臘鼓頻催，朔風吹雪的年末，詩人翩然出京赴任。在即將新歲的年底離京，內心的離別之情肯定十分濃厚，然而詩人被欽點為御史，代天巡狩，身荷君恩，只能快馬離京上任。回頭依依北望，想起親友四散各方，此去臺灣，更是各在天涯了。枯索的冬景，寂涼的笳聲，都深化了詩人內心的離愁，全詩呈現出詩人依依不捨離京，卻又不得不踏上旅途的離索愁緒。再觀六十七〈乾隆九年元日於泰安州崔家莊驛望闕拜賀恭紀短句〉一詩：

> 茅簷北向拜丹楓，香案爐煙篆曉風；
>
> 禮畢憑高一瞻仰，帝都遙在五雲中。〔註2〕

由詩題可知，六十七當日在泰安州崔家莊驛（今山東），正於赴任途中。新年這本該闔家團圓的日子，詩人卻只能在旅宿途次的簡陋驛站，草草設下香案祭拜。禮畢登高遠望，卻望不見帝都，早已湮沒在雲霧之中了。登高望帝都，流露對未來仕途的不確定感，以及對權力中心的眷戀不捨，表現出詩人若有所失的悵然心境。

相較於六十七途次的孤身春祭，錢琦顯然幸運得多。由〈除夕〉、〈臘月廿四日抵福州，大中丞潘絜方思榘前輩、太守徐璞齋景燾同年，堅留在省度歲新。正連日風雨，遷延浹旬，臨行留別〉等詩〔註3〕，可知錢琦於年底抵達福建福州，與舊友故交在省共度新年後，方才赴臺。〈除夕〉一詩云：

> 異地逢除夕，蹉跎感歲華。遠官仍是客，昨夢忽還家。
>
> 白髮門闈倚，青燈風雨斜。感深良友誼，樽酒醉天涯（璞齋太守攜樽
>
> 度歲）。〔註4〕

此詩描寫詩人異地度新歲的客寓之感。仕宦奔波，轉眼又是一年，不免令人感嘆歲月匆匆；客居異地，詩人故鄉夢迴：想那白髮蒼蒼的老母親，是否又倚在門邊，盼著愛子的歸期？連日的風雨，延遲了詩人的行程，不過也因此能在福州城與故友徐璞齋一同飲酒，共度新歲。人在異地，特別能感受到好友的深厚情誼，這或許是客寓在外的遊子最大的寬慰了吧。

巡臺御史的途次詩作，也記錄了他們的赴（卸）任路線。御史們奉旨接任後，從北京出發，通常經山東泰安、臨沂，江蘇揚州、蘇州，至浙江杭州、

〔註2〕〔清〕六十七：《使署閒情》，卷2，詩2，頁56～57；亦收入《全臺詩》第2
　　　　冊，頁250。

〔註3〕〔清〕錢琦：《澄碧齋詩鈔》，卷7，頁320。

〔註4〕同上註。

衢州，再至福建福州、泉州，從廈門渡海，經澎湖來臺；回程路線亦相仿。
御史途次詩作除了錄沿途所見，吁離京之嘆，亦有流露為官抱負之思。如錢
琦〈奉使出國門〉：

> 一官常抱素餐慙，兩月頻邀寵命覃。
>
> 天許遊蹤窮海國，人言風景似江南。
>
> 順途歸捧毛生檄（給假省視，特恩俞允），異域同居彌勒龕。
>
> 料得蒼茫雲水闊，此生無限帝恩涵。〔註5〕

此詩沒有張湄出京時的濃烈離緒，亦無六十七遠離權力中心的寥落之感，反
而可見詩人奉旨出巡，欲順勢遊覽邊疆海國，以及終能一報君恩的快意。或
許是皇帝准許詩人赴臺之前可歸家省親，以致全詩意緒歡快，沒有蕭索離愁，
僅有更多的感念君恩之思。又如六十七詩〈曉發桐廬到，望嚴先生祠堂（正
月二十六日）〉：

> 塘汛聞雞促曉行，一江風雨片帆輕；
>
> 先生莫笑匆匆色，不是區區為顯榮。〔註6〕

寫詩人在桐廬赴任途次，一大早便匆匆趕路的景況。詩中特別說明，自己行
色匆匆，並非為了官場的顯貴榮華奔走。詩人旅宿趕路，是為赴臺上任，心
懷「共仰焦勞聖主心」〔註7〕的抱負。末句以「顯榮」反比，雖未明寫「匆匆」
之因，詩人欲表露的為宦之思已昭然若揭。

　　或許是臺灣太過偏僻遙遠，詩人難捨故友親朋之情，又或許是遠赴海疆，
有遠離權力中心，遭到放逐的離棄之感，御史詩人們的赴任途次之作，多數
充滿不得不離京的依依愁思，以及對未來仕途的不確定感。然此次羈旅畢竟
身負代天巡狩的巡察之責，故詩歌亦多有流露御史為官抱負之思。

二、渡海紀行

　　渡海詩是御史詩歌的代表性題材之一。來臺任官，「渡海」是官員們必定
要經歷的體驗。對少有海洋經驗的清代官員而言，「渡海」是未知的、危險的，
但旅途中的所見所聞卻是新鮮稀奇的。在御史們與渡海相關的詩作當中，有

〔註5〕〔清〕錢琦：《澄碧齋詩鈔》，卷7，頁316。

〔註6〕〔清〕六十七：《使署閒情》，卷2，詩2，頁58～59；亦收入《全臺詩》第2
　　　冊，頁252。

〔註7〕六十七〈蒙陰道中紀事（正月二日）〉，見〔清〕六十七：《使署閒情》，卷2，
　　　詩2，頁57；亦收入《全臺詩》第2冊，頁250。

對渡海的恐懼以及渡海經驗的描寫，亦不乏對海洋的想像與驚嘆。

　　渡海經驗的奇絕與驚駭，是御史詩人創作的主要題材之一。渡海之詩，錢琦的〈前渡海〉〔註8〕堪為代表。全詩使用歌行體裁書寫，篇幅甚長，氣勢縱橫。中段部分描寫詩人自身的渡海經驗，紀錄詳實：

> ……柁樓打鼓長魚立（凡上海船，柁工等羣擊鼓以迎），船頭挂蓬〔註9〕西風涼。此〔註10〕時鬱儀忽走匿，但見天光水色一氣摩硍硍。大嶝路最近（大嶝門為重洋門戶），小憩古禪房。彼岸倏不見，片葉隨波颺〔註11〕。南人自誇乘船慣，不比坐〔註12〕馬顛踣難收韁。豈知波恬風靜浪息時，起勢一落猶有千丈強。長吉心肝盡嘔出，但無好句歸錦囊。〔註13〕忽驚〔註14〕桃浪暖，紅雨漾寒光〔註15〕（紅水溝水赤色）。須臾墨雲捲，四顧失青蒼（黑水溝水如靛色）。亞班與出海〔註16〕（船主曰出海，占風望向者曰亞班），神色俱倉皇。飛身上柁〔註17〕杪，指南憑針芒。謂言渡海此最險，呵噓下有蛟鼉藏。去年太守誤落漈（入溜為落漈），鷁如飛鳧失侶天外周翱翔（方太守任滿回省）。今年將軍復遭毒，有如曹兵百萬〔註18〕赤壁遇周郎（蘇守備領餉）。羅經巽己偶錯位，西〔註19〕去弱水東扶桑。我聞此語了無怖，俗子所見皆秕糠。……舟師喘定笑絕倒，喜色轉露眉間〔註20〕黃。天雞一聲東方〔註21〕白，百怪照影爭逃亡。不見澎湖見飛鳥（大洋飛鳥不到，近澎湖始見），鳥飛多處山雲長。三十六島鬱相望，漁莊蟹舍紛

〔註 8〕　〔清〕錢琦：《澄碧齋詩鈔》，卷7，頁321～332；亦收入《全臺詩》，詩題作「泛海」，見第2冊，頁325～326。按：此詩小注來自《澄碧齋詩鈔》，《全臺詩》無注。

〔註 9〕　《全臺詩》作「掛席」。

〔註 10〕《全臺詩》作「是」。

〔註 11〕《全臺詩》作「一葉隨波揚」。

〔註 12〕《澄碧齋詩鈔》作「生」，應為「坐」。

〔註 13〕《澄碧齋詩鈔》無「長吉心肝盡嘔出，但無好句歸錦囊」句。

〔註 14〕《全臺詩》作「然」。

〔註 15〕《全臺詩》作「紅影落星光」。

〔註 16〕《全臺詩》作「出海與亞班」。

〔註 17〕《全臺詩》作「桅」。

〔註 18〕《澄碧齋詩鈔》缺「百萬」二字。

〔註 19〕《全臺詩》作「北」。

〔註 20〕《澄碧齋詩鈔》作「閒」。

〔註 21〕阿《全臺詩》作「曉色」。

低昂。〔註 22〕

此段首先描寫登船、出航的景況：詩人在廈門港口大嶝門上船，船工們擊鼓歡迎，風信（西風）合適，船隻也掛妥帆簾，準備橫渡重洋〔註 23〕，向澎湖進發。船隻一出洋，但見海天一色，海岸倏地消失了，分不清身在何地，映入眼底的，只有廣闊的天際與洶湧的海浪。所乘坐的海船，在茫茫大海之中，就如隨波飄颻的渺小葉片。其次描述乘船渡海之經歷：詩人自詡為南方人（浙江仁和），「乘舟」對生長於江南水鄉詩人而言，實屬平常。哪知海洋上的洶湧波濤，遠非江南相形涓細的溪河可以比擬。即使在風波平穩之時，隨便一個浪頭起落，都有如由千丈高處彈起墜落，顛簸不堪。詩人更大嘆暈船之苦，海上乘船令人七葷八素，「長吉心肝盡嘔出」，遑論要賞景寫詩了。再其次寫途經海域之險：渡海來臺，須經七百里橫洋。《廈門志‧臺澎海道考》記載：「廈門距臺灣，重洋浩浩七百里，號曰橫洋。……海水深碧，初渡紅水溝、再渡黑水溝（水勢稍窪，故謂之溝）。紅溝色赤而夷、黑溝色墨而險，溝廣百里；自北流南，不知源出何所。」〔註 24〕欲越橫洋，須經紅水溝、黑水溝，其中以黑水溝最險，孫元衡曾形容其「廣百餘里，驚濤鼎沸，勢若連山，險冠諸海」〔註 25〕。詩人寫紅水溝「忽驚桃浪暖，紅雨漾寒光」，寫黑水溝「須臾墨雲捲，四顧失青蒼」，兩道險阻猶如平穩海水中突橫出世的異象。船上經驗老到的水手經此海域，皆深知其險，觀風望信，緊守航向，無不倉皇謹慎。黑水溝之險，吞噬了去年任滿回省的太守，以及今年領餉的將軍，皆不知所蹤。聽聞上述種種海洋險象，詩人反而不再懼怕了，畢竟已經身處海上，再多的恐懼也無濟於事。況且詩人身負皇命，堂堂一介御史，豈能「瑟瑟縮縮如寒螫」〔註 26〕？所幸在經驗充足的船長、水手領航之下，船隻順利通過黑水溝的考驗，破曉之時，海域中因恐懼而生的惡鬼怪影，倏地消失無蹤，遠

〔註 22〕引文以《澄碧齋詩鈔》所錄為主，參《全臺詩》補之。見〔清〕錢琦：《澄碧齋詩鈔》，卷 7，頁 321；《全臺詩》第 2 冊，頁 325～326。

〔註 23〕「臺海潮流，止分南北。臺廈往來，橫流而渡，號曰橫洋。自臺抵澎為小洋，自澎抵廈為大洋，故亦稱重洋。」見〔清〕王必昌：《重修臺灣縣志》卷 2〈山水志〉，〈海道〉，頁 52。

〔註 24〕〔清〕周凱：《廈門志》，卷 4〈防海略〉，〈島嶼港澳〉（附：臺澎海道考），臺灣文獻叢刊第 95 種（臺北市：臺灣銀行經濟研究室，1961 年），頁 137。

〔註 25〕〔清〕孫元衡：《赤嵌集》卷 1，〈黑水溝〉，臺灣文獻叢刊第 10 種（臺北市：臺灣銀行經濟研究室，1958 年），頁 6。

〔註 26〕〔清〕錢琦：〈渡前海〉，見《澄碧齋詩鈔》，卷 7，頁 321；亦收入《全臺詩》第 2 冊，頁 326。

望湛藍大海，海鳥群飛之處，終於可見澎湖彎彎三十六島嶼。此段詩歌紀錄了詩人橫渡重洋的渡海經驗，呈現初次出海的新奇、海上行船的顛簸，以及黑水溝海域的奇險。

張湄〈泊澎湖〉亦有描述橫渡重洋之經歷：

大擔門外渡橫洋，群山滅影流湯湯。

天水相交上下碧，中間一葉凌波颺。

少焉紅溝映霞豔，倏忽黑蛟翻〔註27〕怒墨。

陸離斑駁異彩騰，繪畫乾坤須五色。

針盤遠指天南交，蒼茫四矚心悄勞。……〔註28〕

詩人從廈門港口大嶝門登船，出洋亦見海天一色的湯湯之景，「紅溝映霞豔」、「黑蛟翻怒墨」分別描寫紅水溝與黑水溝，「陸離斑駁異彩騰」則寫紅、黑水溝海象之奇異。詩人較著重於描寫海上所見及海中異象，對自身渡海感受敘述較少，僅「蒼茫四矚心悄勞」一句，對久經乘船的疲累與海上四顧蒼茫的無措之感，略作描述。關於渡海之感，張湄在其他詩作曾云：「雖曰仗平生，吾氣亦少挫。浹旬始抵岸，拔足出坎坷。」〔註29〕描寫自己長時間乘船之後，抵岸下船時腳步的蹌踉虛浮，卻並無如錢琦般「長吉心肝盡嘔出」的劇烈感受。或許是張湄對舟行顛簸的感受度較低，其於渡海遇浪，長波觸天，船身劇晃之時，還能「端坐舷次，頻左右傾，伸紙濡筆，手未輟書，初不知吾舟之顛如箕」〔註30〕之故。

御史渡海來臺途中，必經澎湖。《廈門志·臺澎海道考》云：「廈門距臺灣，重洋浩浩七百里，號曰橫洋；往來船隻，必以澎湖為要津。」〔註31〕來往廈門與臺灣，通常會先於澎湖停留，再行渡海。如赴任途次，張湄有〈泊澎湖〉〔註32〕，錢琦則有〈澎湖〉2首〔註33〕；離臺途次，張湄有〈再泊澎湖〉〔註34〕，錢琦則有〈渡海歸重經澎湖〉〔註35〕，並有澎湖相關詩作〈澎湖文

〔註27〕《柳漁詩鈔》作「噴」。

〔註28〕〔清〕張湄：《柳漁詩鈔》卷7，頁362；亦收入《全臺詩》第2冊，頁148。

〔註29〕張湄：〈將至京都書寄同人〉，見〔清〕張湄：《柳漁詩鈔》卷8，頁76。

〔註30〕〔清〕董天工：《臺海見聞錄》，張序，頁1。

〔註31〕〔清〕周凱：《廈門志》，卷4〈防海略〉，〈島嶼港澳〉（附：臺澎海道考），頁137。

〔註32〕〔清〕張湄：《柳漁詩鈔》卷7，頁362；亦收入《全臺詩》第2冊，頁148。

〔註33〕〔清〕錢琦：《澄碧齋詩鈔》，卷7，頁322；亦收入《全臺詩》第2冊，頁329。

〔註34〕〔清〕張湄：《柳漁詩鈔》卷8，頁369。

石歌〉〔註36〕，可見澎湖是御史們旅宦來臺途中的重要一站。

三、抵臺抒感

　　巡臺御史身負皇命，代天巡狩，歷經重洋天險與舟行顛簸，方抵臺灣。在他們的抵臺詩歌之中，常可見初臨臺灣之印象速寫，以及來臺巡察之職責抱負。如六十七之〈初抵臺灣柬書都諫〉：

> 茫無涯涘海天春，蓬轉雲飛辨不真；
>
> 綵鷁乘風穿雁嶼，繡衣啣命跨鯤身。
>
> 番黎樂享承平久，士女歡迎氣象新。
>
> 萬里故人初把臂，相看先問近詩頻？〔註37〕

可能是久經乘船，眩暈虛浮，詩人初抵臺灣，有四顧茫茫，恍若隔世的不真實感。「繡衣啣命跨鯤身」點出了詩人來臺的使命，御史抵臺，百官自須安排迎接儀仗，故而詩人下船所見，除了臺灣環海景致，春和日暖的氣候，更有黎民百姓歡欣迎接的景象。再如錢琦〈抵臺陽任〉二首〔註38〕：

> 四溟中斷海〔註39〕潮迴，鐵板沙礁面面開。
>
> 天設鹿門嚴鎖鑰，地疑蜃氣幻樓臺。
>
> 星〔註40〕槎遠載春光到，官府喧傳上界來。
>
> 合是前身香案吏，江山管領到蓬萊。〔註41〕
>
> 東洋世界入婆娑，笑領頭銜一甲螺（番人稱頭目曰甲螺）。
>
> 人望涉川成利濟〔註42〕，自甘考績拙催科。
>
> 近南氣候秋冬少（天氣常暖，土人不識霜雪），入俗衣冠傀儡多（傀儡山番
>
> 社最大，其眾近多解衣冠）。

〔註35〕〔清〕錢琦：《澄碧齋詩鈔》，卷8，頁335。

〔註36〕〔清〕錢琦：《澄碧齋詩鈔》，卷8，頁332；亦收入《全臺詩》第2冊，頁329～330。

〔註37〕〔清〕六十七：《使署閒情》，卷2，詩2，頁59；亦收入《全臺詩》第2冊，頁238。

〔註38〕〔清〕錢琦：《澄碧齋詩鈔》，卷7，頁322；亦收入《全臺詩》，詩題作「抵任」，見《全臺詩》第2冊，頁322～323。

〔註39〕《全臺詩》作「早」。

〔註40〕《全臺詩》作「使」。

〔註41〕引文以《澄碧齋詩鈔》所錄為主，參《全臺詩》補之。見〔清〕錢琦：《澄碧齋詩鈔》，卷7，頁322。《全臺詩》第2冊，頁322。

〔註42〕《全臺詩》作「豈合濟川充作楫」。

　　為是聖朝宏遠化，百年海水不揚波。〔註43〕

詩人抵臺，首先映入眼簾的是入臺要衝鹿耳門。《東瀛識略》有云：「臺灣孤
峙海東，非舟莫達。初止鹿耳門一口，沙堅如鐵，港道紆迴。樹標水中，以
誌淺深，名曰蕩纓。兩舟不能並駛；稍不慎，衝擱沙線，舟立碎。」〔註44〕
鹿耳門港道迂迴，深淺不一，其下沙線礁石堅硬如鐵，橫空布列，港灣形
似鹿耳，鎖鑰全臺。「鐵板沙礁面面開」、「天設鹿門嚴鎖鑰」，便是描述鹿
耳門險要的形勢。詩人由帝國中心遠道而來，官員們領著番人、黎民喧騰
迎接。對於這個遠在東南海疆，蜃氣繚繞、氣候溫暖、民少衣冠的婆娑之
島，詩人比之為仙島「蓬萊」，自己渡海「涉川」而來，期望能在臺灣「成利
濟」，有一番作為與貢獻。「自甘考績拙催科」一句，表現出詩人為官仁厚之
心，寧願冒著考績不佳的危險，也不忍對百姓徵課重稅。詩人自許要作「春
光」，一展抱負，履行職責，為帝國弘揚德化，落實王朝在海疆的統治皇權，
以達「海水不揚波」，河清海晏，四海昇平之目的，明顯展現詩人的帝國中心
視野。

四、卸任途次

　　當御史任期屆滿，便由海道回程，經澎湖、廈門，從陸路返京。由臺返
京途次詩作，仍可見詩人對再次渡海的恐懼，如張湄〈抵廈門〉：

　　　　落日千檣集，鳴鐃入鷺門。風微舒旆影，岸古積潮痕。

　　　　晚市星辰亂，高嵒虎豹蹲。迴頭歎浩淼，吾命偶然存。〔註45〕

張湄任滿離臺，再渡重洋。因擔憂此次渡海之行，詩人於途次澎湖之時寄給
臺灣友人的詩作，甚至寫下「歸期此尚懸」〔註46〕之句。黑水溝之險，幾令
詩人「一夜驚愁髮為皓」〔註47〕，懸心不已，能否平安渡海，只能聽任天意。
現在海船終於安然駛抵陸地，歷劫歸來，廈門的微風、海潮都令人舒心。回

〔註43〕引文以《澄碧齋詩鈔》所錄為主，參《全臺詩》補之。見〔清〕錢琦：《澄碧
　　　　齋詩鈔》，卷7，頁322。《全臺詩》第2冊，頁323。按：此詩小注引自《澄
　　　　碧齋詩鈔》，《全臺詩》無注。

〔註44〕〔清〕丁紹儀：《東瀛識略》卷5，〈海防〉，臺灣文獻叢刊第2種（臺北市：
　　　　臺灣銀行經濟研究室，1957年），頁51。

〔註45〕〔清〕張湄：《柳漁詩鈔》卷8，頁369。

〔註46〕張湄：〈海上柬寄臺陽諸友〉，見《柳漁詩鈔》卷8，頁369；亦收入《全臺詩》
　　　　第2冊，頁164～165。

〔註47〕張湄：〈再泊澎湖〉，見《柳漁詩鈔》卷8，頁369；亦收入《全臺詩》第2冊，
　　　　頁164。

首來路險惡波濤，詩人仍然膽戰心驚，不覺有「吾命偶然存」的感嘆。

相較於為渡海回程憂心的張湄，即將離臺的錢琦又是另一番心境。其有〈留別臺灣父老〉二首：

推擠不去思依依，忽挂風帆鼓浪飛。
臣節自盟一勺水，君恩許著萬民衣。
年光屈指真如瞬，世路回頭已悟非。
但得長波安穩渡，歸途吟伴未全稀（謂玉立亭給事）。

記持玉節下烟霄，二月東風渡海潮。
績考陽城甘下下，槎迴漢使復迢迢。
印來鴻爪原無定，聽到驪歌不自聊。
為語里中諸父老，勉將淳樸返頑嚚。〔註48〕

離臺之際，見送別百姓推擠不去，詩人離情依依。回思巡臺之行，深感年光一瞬，歲月如梭，猶記年前才剛奉旨南下，渡海來臺，如今竟已任期屆滿，將要回京。詩歌引述康熙年間廣東英德知縣田從典「萬民衣」之典〔註49〕，並描述百姓送行不捨之情狀，暗示自己在臺官聲良好，頗受愛戴，巡臺盡心任職，恪守所責，希望君王明察，以自清、脫離因兇番殺死民兵事件而遭降職的陰影〔註50〕。詩人將要離開，仍然惦記臺灣百姓，不忘曉諭殷殷，再三叮囑，顯示其愛民之心。然而作為御史，身負代君王四處巡察之責，本就行蹤無定，如今任期秩滿，離開是必然之事，雖然不捨，卻沒有過於感傷，只希望能平安渡海，並與之前一同來臺，如今尚健在的詩友一同唱和，便已足矣。臨行之際，詩人雖然離情難捨，但他心境豁達，以開闊的心胸去面對擔任御史必須時時旅宦外地，「鴻爪無定」的事實，而其為官仁心，以及任官政績，更在詩中表露無遺。

〔註48〕〔清〕錢琦：《澄碧齋詩鈔》，卷8，頁335。
〔註49〕田從典（1651～1728），字克五，號嶢山，山西陽城東關人。其人為官清正廉明，傳說因不懂得討好、賄賂前來巡察政務的欽差而被誣陷下獄，幾至於死。百姓們聽聞清官落難，決定向朝廷請命，他們在田從典的長衫上寫明他的政績，示其清白，並簽名為證，由於請命者眾，故又名「萬民衣」。見《清史稿‧卷289‧列傳七十六》；華夏文明：「清白宰相」田從典：留下「萬人衣救清官」美談：http://big5.ce.cn/gate/big5/cathay.ce.cn/person/200912/09/t20091209_20583720_1.shtml。
〔註50〕詳見本論文頁51。

第二節　巡行教化

　　巡臺御史依例於每年農隙時，巡行臺灣南北二路，從巡行途次之作，可見御史巡視路線，及其巡行心境、抱負，值得一觀。巡行的主要任務，是探訪民隱，曉諭官民，撫理番眾，其中以勸農、喜雨之詩，及探訪番社之作最為常見，也最具代表性。故本節分為巡行途次、訪民勸農、撫番教化三項加以論述。

一、巡行途次

　　於農隙之際巡行南北二路，是巡臺御史的例行任務。見張湄〈茅港道中〉：

> 持節番察往復還，海聲溪韻共潺湲。
> 紅蕉徑裏居人少，紫蔗田邊牧豎閒。
> 小隊駸駸投野宿，前旄冉冉渡沙灣。
> 夕暉澹著倪黃筆，一抹平林數尺山。〔註51〕

詩人正於巡察各處番社途中，所見路旁紅蕉紫蔗，皆為田地，人煙稀少，只聽得遠處海潮與近處溪水潺湲流動的協奏之曲。御史的巡行隊伍行動迅速，夜晚在野外投宿，白天前導的旄旗，帶領全隊緩緩渡過沙灣。直到黃昏，目的地仍未到達，只見夕陽餘暉有如蘸著黃色顏料的畫筆，渲染了遠方森林及數尺山峰。全詩描寫道路途次景況，呈現出御史出巡，一派悠然從容之氣韻。六十七〈北行雜詠〉九首之九，則寫巡行路途的艱辛：

> 沒踝銀沙步履艱，崎嶇岡嶺路迴環。
> 汗流僕從沾衣背，健足番兒意自閒。〔註52〕

此詩作者自註，寫於虎尾溪道中。虎尾溪在臺灣中部，為濁水溪的支流之一。《東征集》紀載：「虎尾溪濁水沸騰……粉沙漾流，水色如葭灰，……。溪底皆浮沙，無實土，行者須疾趨，乃可過；稍駐足，則沙沒其脛，頃刻及腹，至胸以上，則數人拉之不能起，遂滅頂矣。」〔註53〕可見渡溪之險，因此六十七有「沒踝銀沙步履艱」之語。而臺灣中部多山，山道迂迴，路徑崎嶇，對行旅者來說十分辛苦，詩人寫僕從們走得汗流浹背，但同行的當

〔註51〕〔清〕張湄：《柳漁詩鈔》卷8，頁366；亦收入《全臺詩》第2冊，頁159。
〔註52〕〔清〕六十七：《使署閒情》，卷2，詩2，頁66；亦收入《全臺詩》第2冊，頁246。
〔註53〕〔清〕藍鼎元：《東征集》卷6，〈紀虎尾溪〉，頁84。

地番人卻如履平地，恍若無事，形成強烈的對比。錢琦〈有溪〉亦為巡行途次之作：

> 有溪不知名，水深與胯接。波平鷗不驚，風勻浪微摺。
>
> 隔岸孤煙炊，環堤萬山疊。愧無舟楫材，聽君歌匏葉。〔註54〕

描寫行路途中遇溪，水深及胯。幸而溪水波平浪勻，鷗鳥不驚，渡之不甚險。環目四顧，對岸只見炊煙一縷，觸眼皆為層巒疊嶂的青山，可見當時臺灣山間人煙稀少，聚落相隔亦遠，處於幾未開發的蠻荒狀態。身處此境，詩人自嘆沒有擔任宰輔之臣的「舟楫」之才，只能在此高歌「匏有苦葉」，聊慰予懷罷了，流露出詩人的「不遇」之慨。「匏葉」引自《詩經‧邶風‧匏有苦葉》，藉焦急等待心上人的女子心情，比擬自己渴望獲得君王賞識、並賦予要職的心境。「愧無舟楫材」，實為詩人自謙之詞，海疆小島的巡行職務，對於詩人而言，不過是大材小用。

二、訪民勸農

　　巡行途次，御史會同時順道探訪民情，並曉諭官民，勸勉農民勤力耕作，切勿怠惰。如張湄〈冒雨勸農疊韻〉：

> 出郭天四垂，墨雲挾狂雨。勢如萬鏃飛，作氣不待鼓。
>
> 彌望青蔥蘢，物我同栩栩。平畦漾縠紋，犁鋤應時舉。
>
> 誰能甘惰農，自貽樂歲苦。為語蚩蚩氓，海濱履王土。
>
> 黃髮與垂髫，願勿入城府。熙怡若桃源，往來有漁父。
>
> 三時胼胝煩，勤焉豈無所。況當膏雨餘，篝車滿可許。
>
> 煙林布穀鳴，陌上鞭水牯。米家畫圖閒，坐覽簑笠侶。〔註55〕

視農當天，天候不佳，黑雲彌天，雨勢狂驟，詩人仍冒雨出巡。遠望青綠農田，一片蔥蘢，令人感覺生機盎然。雨水如膏，土壤豐沃，正是適合耕作的時節，出巡的詩人殷殷叮囑百姓：身為農人，不應怠於農耕，要把握農時勤力耕作，以免無糧之苦。這樣人民敦厚純樸的海濱小島，有御史前來曉諭教化，就如同將君王的恩澤在海疆廣施遍布一般。天真質純的民風，一歲三熟的土地，此處島嶼，簡直就是塵囂世外的桃花仙境。全詩寫詩人履行職責，巡視農地，曉諭農民勤力耕作，「為語蚩蚩氓，海濱履王土」，明顯呈現御史

〔註54〕〔清〕錢琦：《澄碧齋詩鈔》，卷8，頁326；亦收入《全臺詩》第2冊，頁324。

〔註55〕〔清〕張湄：《柳漁詩鈔》卷8，頁362～363；亦收入《全臺詩》第2冊，頁151。

為官的寫作視角，認為人民天真無知，如同蚩蚩之氓〔註56〕，需要天朝官員的教導德化；而詩人所描寫的臺灣百姓「黃髮與垂髫」、「往來有漁父」，農閒時坐覽美景，熙熙然若桃花仙境的景況，帶有詩人濃厚的主觀想像，與實況似乎頗有差距。

錢琦〈東郊勸農〉五首之三，對於農人民生的描述則較有實感：

> 官昔弄文史，不解事犁鋤。廿年竊厚祿，一飽慚侏儒。
>
> 陶潛歸去來，田園已荒蕪。田荒尚可治，無田將何如。
>
> 爾農幸有田，曷弗勤嗇畬。官悔行已晚，農業良有餘。
>
> 旦晚打門急，縣官來催租。〔註57〕

詩人首先點出了務農者技有專精。自身為官，僅會舞文弄墨，對於攸關民生的農耕之事卻一竅不通，多年來慚居高官厚祿，於心有愧。昔陶淵明拋卻官位，歸隱田園，卻因拙於農事，導致田地荒蕪，詩人分別了為官者與務農者的各有所長。而畢竟身為御史，詩中不能免俗的出現勸農之語：「田荒尚可治，無田將何如。爾農幸有田，曷弗勤嗇畬」，希望百姓們既然擁有田地，又善於農耕，就要勤力勤作，努力定會有豐收，否則等到「縣官來催租」，卻無糧可繳，就追悔莫及了。詩人分別了為官者與務農者的相異之處，肯定農民的農作技術，雖不能脫離身為御史的上位者勸勉口吻，但比之張湄將一己定位為天朝的曉諭者、教化者，遠距離的觀賞描寫農民生活，錢琦理解農民、並陳述實際利害關係的勸勉之語，與百姓似乎更要貼近得多。

御史關懷民生，巡察農作，對於攸關農業的雨水亦十分注意。除了「勸農」，「喜雨」也是常見題材，如六十七〈喜雨〉：

> 黑雲四布風乍止，渴龍怒捲東瀛水。
>
> 噴洒長空逞馳逐，鬼馭神鞭忙不起。
>
> 簷溜頻傾作奔流，須臾直透衙齋裏；
>
> 滿堂點滴霑衣裳，平階笑爾深一呎。
>
> 共喜嘉澤濟枯荄，那管春郊旱魃死！〔註58〕

〔註56〕《詩經・衛風・氓》，見〔漢〕毛亨傳；〔漢〕鄭玄箋；〔唐〕陸德明音義；〔唐〕孔穎達疏；〔清〕阮元校勘；〔清〕盧宣旬摘錄：《重刊宋本毛詩注疏附校勘記》，〈國風〉，〈衛淇奧詁訓傳第五〉，〈附釋音毛詩注疏卷第三〉，〈氓〉，（臺北縣：藝文印書館，1976年），頁134。

〔註57〕〔清〕錢琦：《澄碧齋詩鈔》，卷8，頁329。

〔註58〕〔清〕六十七：《使署閒情》，卷2，詩2，頁64；亦收入《全臺詩》第2冊，頁244。

古時農民看天吃飯，即使臺灣土地肥沃，氣候溫暖，能一年三熟，雨水卻最是不可或缺的重要因素。全詩描寫降雨景況：黑雲密布，大雨傾盆，噴洒長空，雨水溜簷奔流，雨天的沁涼水氣急速擴散，身處衙齋之中的詩人也能感受到雨勢的劇烈。思及農田得雨潤澤，百姓能歡欣耕作的情形，詩人深喜「嘉澤濟枯荄」，御史喜雨之心，油然滿溢心懷。

三、撫番教化

巡視番社，撫理番眾，也是御史巡行的主要任務之一。巡視番社所見，錢琦〈過東螺沙轆諸番社〉一詩記敘甚詳：

> 曉起過東螺，晚行抵沙轆。野番解急公，趨事關捷足。五色飛綵雲，雙旄引綠竹（每巡使過社，十里外以竹枝結綵鼓吹迎之，即為前導）。逐隊作前驅，焚香或俯伏。乘桴喜追從（每遇溪河，眾番爭先涉水，掖舟而行），駕車逞輕熟。臂挽硬竹弓，背負利弩鏃。耳根剞及肩，繡紋橫刺肉，野花亂插頭，毱羽籠翦服。有時急叉魚，無端思捕鹿。都都婦獻芹（都都以糯米為之，番婦各捧盤盂，沿途盛獻），琅琅師教讀（每社各延漢人教習番童，名曰社師）。矮屋多編蘆，老人但鼓腹。歲月不紀年，風土各成俗。願為聖人氓，永沐太平福。此景行繪圖，歸拜帝廷告。〔註59〕

全詩描寫巡行番社之景況。詩人曉行出巡，由捷足番丁引領，於晚間抵達沙轆社附近。未至社前，十里外便有竹枝結綵的旄旗列隊歡迎，番民們俯伏於地，恭敬和順。回社途中，路程凡遇溪阻，番丁們都熱心的爭先涉水，抬著御史的小舟渡溪，也爭著為御史駕車。行至社前，但見番社壯丁手挽硬弓，背負利箭，耳垂剞大，垂至肩上，身軀刺繡橫紋，番女則滿頭野花亂插，身著鳥羽、獸皮粗裁而成的服裝，裝扮甚是奇異。沿途番民有時叉魚，有時也想著捕鹿；婦女們並獻上特產「都都」，一種糯米做成的糕餅。來到番社，見漢人社師教習番童，讀書聲琅琅。番人房屋多覆以蘆草，原始自然；食物充足，老人也能飽餐無虞。番民沒有紀年習慣，風俗也與中土大不相同。巡行最後，詩人自許能作為這群純樸人民的導師，引領並教化他們，使這幅太平之景能一直延續下去，也讓詩人能回朝稟報帝王，已確實將聖恩廣被於民。

從上述錢琦詩作，可見御史詩人書寫有關巡行番社之事，有以下幾個面向。首先，由御史詩歌可以發現，每每御史巡至番社，番人必然爭相熱烈歡

〔註59〕 〔清〕錢琦：《澄碧齋詩鈔》，卷8，頁333。

迎。如張湄〈番俗〉六首之三：

> 爭迎使節共歡呼，驄馬前頭眾婦趨。
>
> 首頂糍盤陳野食，大官曾未識都都。〔註60〕

同錢琦詩所言，張湄獲番民爭先迎接，婦女們也沿途進獻「都都」。六十七〈北行雜詠〉九首之一也提及巡視番社，「番女番童夾道迎」〔註61〕的情形。

其次，巡社所見之番人樣貌，也是御史描寫的主要面向。錢琦詩便有「耳根剟及肩，繡紋橫刺肉，野花亂插頭，毨羽麤翯服」之語。如張湄〈衣服〉：

> 鳳頭龍尾好衣裾，錦繡偏諸謝不如。
>
> 若使賈生來此地，未知流涕更何如。〔註62〕

寫番人的紋身之習。全身紋繡斑斕，橫紋刺肉，爭誇錯錦，紋飾便是他們的錦繡衣衫。對於此一裸身紋繡之習，詩人無法欣賞認同，還是將其視作需要教化的蠻夷之民，大嘆若使賈生來此，恐怕要痛哭流涕了。除了「繡紋橫刺肉」，番人並「耳根剟及肩」，張湄有〈穿耳〉一詩：

> 垂肩粉耳大如盤，貫竹填螺取次寬。
>
> 丫角鬌邊風不定，翩翻五色鬥雞翰。〔註63〕

詩言番人喜剟耳，《裨海記遊》記云：「男子競尚大耳，於成童時，向耳垂間各穿一孔，用篠竹貫之，日以加大，有大如盤，至於垂肩撞胸者。」〔註64〕如盤大耳，在梳成丫角鬌的頭髮兩側晃蕩不定，番丁並會取來文禽雞尾的五彩羽毛，插頭裝飾。而番婦衣飾，六十七〈北行雜詠〉九首之六亦略有提及：

> 路近蠻村落照紅，紛紛番婦迓青驄；
>
> 綠衣黃裏裙衫艷，頭上雞翎揚晚風。〔註65〕

描述詩人巡行馬芝遴社，前來迎接番婦的衣飾特徵。她們綠衣黃裏，裙衫豔麗，插在頭上作裝飾的雞羽，隨風飄揚。

再次，喜見原住民孩童教化有成，亦常見於御史巡番的相關詩歌。如張

〔註60〕《全臺詩》第2冊，頁173。

〔註61〕〔清〕六十七：《使署閒情》，卷2，詩2，頁65。

〔註62〕《全臺詩》第2冊，頁172。

〔註63〕同上註，頁174。

〔註64〕〔清〕郁永河：《裨海紀遊》卷下，臺灣文獻叢刊第44種（臺北市：臺灣銀行經濟研究室，1959年），頁34。

〔註65〕〔清〕六十七：《使署閒情》，卷2，詩2，頁65；亦收入《全臺詩》第2冊，頁245。

湄〈番俗〉六首之四：

> 鵝筒慣寫紅夷字，鴃舌能通先聖書。
>
> 何物兒童真拔俗，琅琅音韻誦關雎。〔註66〕

錢琦詩「琅琅師教讀」，即指番社社師，凡番社納入統治範疇，便會在當地設置漢人社師教習番童。〔註67〕詩人巡行之時，見到部落中的原住民兒童，原本拿著鵝毛筆，寫著荷蘭人所教導的新港文書，如今已能書寫漢字，還能誦讀詩經，感到驚奇且欣慰。在御史詩人眼裡，原住民居處蠻荒，純樸無知，從未受過所謂「天朝」禮義之邦的教化，今既來歸，應從小教導，學習上朝文化。如此慣寫紅夷外邦文字的南蠻鴃舌，已經能音韻琅琅的誦讀詩經，書寫漢文，顯示此處教化有成，御史對原住民從紅夷字轉而熟習漢文，感到寬慰歡欣，認為儒家文化是勝過荷蘭的，流露出上朝的文化優越感，也顯示其身負帝國聖諭的使命感，以及作為統治階層的觀察視角。

第三節　臺灣風物

臺灣處清廷海疆一隅，風土民情迥異中原，六十七曾云「物產民風事事殊」〔註68〕，是故「觀風采俗」，是巡臺御史的職責之一，御史詩人們蒐羅臺灣特殊的風物人情，寫入詩歌，進呈君主，以為帝國統治的參考依據。除了風俗民情，臺灣山海溪河、城臺遺蹟等，亦入其詩；而臺灣特有的草木花果，也經常成為御史詩人筆下歌詠紀錄的題材。本節分臺地風俗、臺灣即景、臺陽物產三項加以論述。

一、臺地風俗

臺灣風土民情與中原大不相同，御史詩人除了巡視各地，同時觀風採俗，寫入詩歌，「歸以報君王」〔註69〕。番俗方面，張湄有多首記錄番人風俗的詩歌，如〈牽手〉、〈贅婿〉二詩，寫番民之婚俗：

〔註66〕《全臺詩》第 2 冊，頁 173。

〔註67〕《臺陽見聞錄》：「熟番歸化後，每社設有番學；社師悉內地人，以各學訓導督其事」。〔清〕唐贊袞：《臺陽見聞錄》卷下，〈番部〉，「番社考試」條，臺灣文獻叢刊第 30 種（臺北市：臺灣銀行經濟研究室，1958 年），頁 185。

〔註68〕〔清〕六十七：〈即事偶成二律〉二首之一，見〔清〕六十七：《使署閒情》，卷 2，詩 2，頁 61；亦收入《全臺詩》第 2 冊，頁 241。

〔註69〕〔清〕錢琦：〈鳳山縣〉，見〔清〕錢琦：《澄碧齋詩鈔》，卷 8，頁 325。

> 定情雖假白螺錢，麻達歌諧禮數捐。
>
> 幾處社寮清月夜，鼻簫吹徹手隨牽。〔註70〕
>
> 瓜瓞移根自剪劖，家家秦贅俗同諳。
>
> 再傳儻使孫忘祖，有賺惟知女勝男。〔註71〕

臺灣原住民為母系社會，重女而輕男，以男出贅為「無賺」，以女招贅為「有賺」。〔註72〕女子及笄，構屋獨居，有意追求的男子，吹彈鼻簫以表情意，若女子與之意合，則出而招之同居，曰「牽手」。待正式婚後，男歸女家。〔註73〕又，番人產子，必隨產母浴於水，謂可去災。〔註74〕張湄〈浴兒〉：「浴川女伴不知寒，綠水鸕鶿雪影翻。見說生雛纔墮地，波池堪作浴兒盤。」〔註75〕即言此俗。如若夫妻反目，則稱「放手」，張湄有〈放手〉一詩：

> 反目還將放手稱，牽手挈酒痛交懲。
>
> 何如白首期偕老，高筏迎歸耀彩繒。〔註76〕

番人離異，夫出其婦，婦離其夫，不論有無生育，均分舍內什物，可再「牽手」出贅。〔註77〕然觀詩人之意，對此離婚之俗似乎頗不認同，認為夫妻從一而終，白首偕老方為正道，流露出詩人文化本位的思考。

除了原住民，臺灣並有不同時期渡海而來，定居此地的閩、粵、漳、泉移民。居臺日久，自有其民情風俗。臺民習尚華侈，錢琦〈臺灣竹枝詞〉二十首之八描寫臺人衣著：

> 一身拖沓龍搖尾，兩〔註78〕足槃〔註79〕珊鳳點頭。
>
> 不論傭夫與販豎，綺羅各要鬥〔註80〕風流。〔註81〕

《福建通志臺灣府》記載：「臺地民非土著……洋販之利歸於臺灣，故尚奢侈，

〔註70〕《全臺詩》第 2 冊，頁 174。

〔註71〕同上註。

〔註72〕〔清〕唐贊袞：《臺陽見聞錄》卷下，〈番部〉，「無賺有賺」條，頁 198。

〔註73〕同上註，「婚嫁」條，頁 187～188。

〔註74〕同上註，「生子」條，頁 198。

〔註75〕《全臺詩》第 2 冊，頁 175。

〔註76〕同上註。

〔註77〕〔清〕唐贊袞：《臺陽見聞錄》卷下，〈番部〉，「婚嫁」條，頁 188。

〔註78〕〈全臺詩‧智慧型全臺詩資料庫〉作「雨」，疑誤，應為「兩」。

〔註79〕〈全臺詩‧智慧型全臺詩資料庫〉作「盤」。

〔註80〕〈全臺詩‧智慧型全臺詩資料庫〉作「鬥」。

〔註81〕〔清〕錢琦：《澄碧齋詩鈔》，卷 8，頁 334；亦收入〈全臺詩‧智慧型全臺詩資料庫〉http://xdcm.nmtl.gov.tw/twp/b/b02.htm。

競綺麗，重珍旨，彼此相傚。即傭夫販豎，不安其常，由來久矣。」〔註82〕
《重修臺灣縣志》：「習尚華侈，衣服概用綾羅，不特富厚之家為然也。」〔註83〕
六十七亦有詩云「生憎負販猶羅綺」〔註84〕。臺民尚奢競麗，不論販夫走卒，
皆喜衣綺羅，並有「龍搖尾」、「鳳點頭」等特殊穿法，相競比美。「龍搖尾」
即衣服不衷，褲露衣外；而「鳳點頭」則指襪不繫帶，脫落足面。〔註85〕詩
人形容龍搖尾「一身拖沓」，鳳點頭「兩足槃跚」，可見對這種衣著流行風尚
相當不以為然。然臺民以此為美，相習成風。

　　臺人尚奢之習，亦可見於中元普渡，如六十七之〈臺俗七月十五日為盂
蘭會至夜分放水燈為紀以詩〉：

　　　　楚人尚鬼習相仍，高會盂蘭放佛燈。
　　　　釋氏金蓮三十里，石家銀燭百千層。
　　　　獨醒難挽浮靡俗，空色渾疑清淨僧。
　　　　最怪莊嚴成劫奪，肉山還有酒如澠。〔註86〕

七月十五日為地官大帝誕，相傳為地官校籍之辰。臺沿漳泉遺俗，舉辦普度
盂蘭會。自七月初一起，先豎燈篙，家家徹夜燃燈，光耀通衢，至八月初一
方罷。期間寺廟舉行普渡，各色供品如牲牢、葷素食品、粿粽、糕餅、蕉蔗、
鳳梨、龍眼、楊陶等物，至少數十盒。普度前夕，則先放水燈，為亡魂引路，
請水陸幽魂一同至廟受享。〔註87〕詩人形容其時「金蓮三十里」、「銀燭百千
層」，百姓獻金供奉的各樣金紙、香燭、供品等，數量龐大，供桌猶如肉山酒
池。《安平縣雜記》有云：「就城內而論，自七月初一起，至三十日止，普度
者相續不絕。舉燒紙一款言之，所燒之紙，有值十金、八金者；至貧之家所
燒紙幣，亦值金數角。相習成風，毫無吝惜。」〔註88〕足見臺人普渡之盛大、
出手之闊綽。詩人則大嘆此俗「浮靡」，不甚認同臺人酒池肉林、一擲千金的

〔註82〕《福建通志臺灣府》，〈風俗（歲時氣候附）〉，「臺灣府」條，頁203。
〔註83〕〔清〕王必昌：《重修臺灣縣志》，卷12〈風土志〉，風俗，頁402。
〔註84〕六十七：〈即事偶成二律〉二首之二，此句小注云：「臺俗尚奢，有衣羅綺而
　　　　負販者」。見〔清〕六十七：《使署閒情》，卷2，詩2，頁61；亦收入《全臺
　　　　詩》第2冊，頁241。
〔註85〕見小注。〔清〕錢琦：《澄碧齋詩鈔》，卷8，頁334。
〔註86〕見《全臺詩》第2冊，頁249。
〔註87〕川口長孺等撰：《安平縣雜記》，〈節令〉，臺灣文獻叢刊第52種（臺北市：臺
　　　　灣銀行經濟研究室，1959年），頁5～6。
〔註88〕同上註。

供獻風俗。詩末亦譴責本該「空色清淨」出家僧人，不應隨波流俗，與百姓一同鋪張普渡。

節令民俗方面，張湄〈祀竈詞〉，記臺人年底送神之俗：

> 海風刁騷西日暝，爆竹滿城獨客警。
>
> 送神何歸云上天，雲車飆馬相騰騫。
>
> 膠牙餳果臛尾酹，飲食媚神術不售。
>
> 居高聽卑天耳聰，竈君有言長落後，安用黃羊致暴富。〔註89〕

「祀竈」即祭祀灶神。灶神是家家戶戶都有的物神，主宰家居飲食。臺灣舊俗，每年臘月二十四日，是灶神上天述職的日子，需「備茶果牲醴，買紙印旛幢、輿馬、儀從一張，焚而送之」，名曰送神。〔註90〕這一天「爆竹滿城」，家家戶戶焚香祭拜，恭送灶神上天。據傳灶神每年昇天一次，將人間每戶人家一年來的事蹟據實稟報，做為來年上天訂定每戶人家吉凶禍福的依據。是以百姓祭拜灶神，「膠牙餳果臛尾酹，飲食媚神術不售」，獻上豐盛的酒食請灶神享用，或說用糖黏住灶神的嘴，希望灶神吃甜嘴甜，上天稟奏多說好話，以保佑一家來年升官發財、吉祥順利。古代有人以黃羊祭灶而暴至巨富〔註91〕，觀臺灣百姓「飲食媚神」之妙思，能使「竈君有言長落後」，也不必大費周章的使用黃羊祭祀了。有關節令習俗的詩作，另有六十七〈九日〉，記重陽飲酒飛鳶之俗〔註92〕；錢琦〈臺灣竹枝詞〉亦錄有清明春郊祭墓〔註93〕、端午鳴金賽舟〔註94〕、七夕祭七娘魁星〔註95〕、中元賽會搶孤〔註96〕、中秋

〔註89〕〔清〕張湄：《柳漁詩鈔》卷7，頁366；亦收入《全臺詩》第2冊，頁160。

〔註90〕川口長孺等撰：《安平縣雜記》，〈節令〉，頁8。

〔註91〕《後漢書·樊宏陰識列傳》：「宣帝時，陰子方者，至孝有仁恩，臘日晨炊而灶神形見，子方再拜受慶。家有黃羊，因以祀之。自是已後，暴至巨富，田有七百餘頃，輿馬僕隸，比於邦君。子方常言「我子孫必將彊大」，至識三世而遂繁昌，故後常以臘日祀灶，而薦黃羊焉。」見〔劉宋〕范曄撰；〔唐〕李賢等注；〔晉〕司馬彪補志；楊家駱主編：《新校本後漢書并附編十三種》，卷32〈列傳〉，〈樊宏陰識列傳第22〉（臺北市：鼎文書局，1981年），頁1133。

〔註92〕〔清〕六十七：《使署閒情》，卷2，詩2，頁63；亦收入《全臺詩》第2冊，頁243。

〔註93〕〔清〕錢琦：〈臺灣竹枝詞〉二十首之十三，見《澄碧齋詩鈔》，卷8，頁334；亦收入〈全臺詩·智慧型全臺詩資料庫〉：http://xdcm.nmtl.gov.tw/twp/b/b02.htm。

〔註94〕〔清〕錢琦：〈臺灣竹枝詞〉二十首之十四，《澄碧齋詩鈔》，卷8，頁334。

〔註95〕同上註，二十首之十六。

〔註96〕同上註，二十首之十七，頁335。

聚飲食餅〔註97〕、重陽飲酒飛鳶〔註98〕、除夕焚虎壓煞〔註99〕等節俗，以及女子元夜竊花，可得佳婿〔註100〕、臺人好食「半年丸」益壽〔註101〕等民俗。此類詩作有如《詩經》所言「采詩以觀風俗」，書寫別具意義，既是對臺灣風物的紀錄，也提供中央統治者作為參考。

二、臺灣即景

御史來臺，臺灣之山海溪河、城臺遺蹟等，亦入其詩。三位御史之中，此類詩歌以張湄《瀛壖百詠》為多。記山水大景者，如張湄〈七鯤身〉，寫港口要衝：

> 鬐翼連翩振地垠，風搏水擊勢難馴。
> 鵬圖孰是南溟好，願爾長安徒海身。〔註102〕

七鯤身在安平海濱，《裨海紀遊》：「安平城旁，自一鯤身至七鯤身，皆沙崗也。鐵板沙性重，得水則堅如石，舟泊沙上，風浪掀擲，舟底立碎矣。牛車千百，日行水中，曾無軌跡，其堅可知。」〔註103〕渡海來臺，由鹿耳門入港，鹿耳門港道迂迴，深淺不一，既入，又須經堅硬如鐵的七鯤身沙線礁石，「鬐翼連翩振地垠，風搏水擊勢難馴」，即描述沙線之險峻。錢琦詩亦稱七鯤身「左控安平右鹿耳，襟帶眾匯如繚垣」，點出其位於要衝的地理形勢。寫山嶺如錢琦〈望玉山〉：

> 何年五丁來海外，開山誤踏瓊瑤碎。
> 五色光騰蓬島霞，三山玉立芙蓉蓋。
> 秋霜刻轢露晶瑩，造化雕鐫窮變怪。
> 蒼如老僧鬢盡凋，淨如神女肌無纇。
> 雪積峨眉煥不消，波澄銀漢秋猶在。
> 一峯癯瘦兩峯寒，雨雲變幻晴雲態。
> 分明瑜瑾發奇光，那用青蒼描翠黛。
> 常韜真氣碧紗籠，偶見靈光天宇快（三峯雪積終歲，雲籠如碧紗香篆，遇

〔註97〕〔清〕錢琦：〈臺灣竹枝詞〉二十首之十七，《澄碧齋詩鈔》，卷8，頁335。
〔註98〕同上註，二十首之十九。
〔註99〕同上註，二十首之二十。
〔註100〕同上註，二十首之十一，頁334。
〔註101〕同上註，二十首之十五。
〔註102〕《全臺詩》第2冊，頁170。
〔註103〕〔清〕郁永河：《裨海記遊》卷上，頁14。

冬晴明乃見，踰時雲霧復合）。

冰柱晶簾拜下風，貝闕璇宮想大槼。

我來正值西風寒，誰能為翦鷟溪繪。

舊境重逢五百年，仙遊已出三千界。

夢裏都教塵垓清，狂來欲具袍笏拜。

可憐神山路渺茫，尤聞仄徑毒腥薶。

終古何人朗朗行，崇朝但集霏霏靄。

斜陽欲落雨頹然，聊綴長歌當酒酹。〔註104〕

寫詩人遙望玉山，以瓊瑤踏碎、五色光霞、玉立芙蓉、神女淨肌等，極盡形容玉山的光瑩與出塵，並描述終歲積雪的三峯如碧紗籠雲氣繚繞之狀，全詩呈現出玉山晶瑩蒼寒的清癯之美。題作〈望玉山〉，顯示詩人本身並未入山，僅在遠處觀賞而已。《臺海見聞錄》云：「玉山在諸羅，三峰並列，無遠不見。冬末春初，風清無塵，日暉映射，晶瑩耀目，如雪如冰，如瀑如練，瞬息雲起，如隱紗籠。傳言此山渾然美玉，生番既不知，外人又莫敢向取。」〔註105〕玉山山區，當地人不知，外來者不敢入，未涉之域，傳說亦多，是故詩云「可憐神山路渺茫，尤聞仄徑毒腥薶」、「舊境重逢五百年，仙遊已出三千界」將其描述為入山路徑渺茫、魂夢仙遊、冰柱晶簾、貝闕璇宮的神山秘境，呈現詩人對臺灣未知地域的仙奇想像。

又有述內山之湖，如張湄〈水沙連〉：

圍圍孤嶼水中央，稻熟浮田吠蛤涼。

煙火渡頭移蟒甲，青山環映白波光。〔註106〕

詩人注云：水沙連「在彰化縣東北番境，四圍皆山，自山口入為潭，廣可七八里，周二十里，中突一嶼名水沙連，番繞嶼以居。」〔註107〕季麒光〈臺灣雜記〉有云：「水沙連，在半線東山中。方數丈。其口似井，水深而清。天將雨，潭中發響，水即混濁，溢出潭外。番人以此驗陰晴。」〔註108〕即今之日月潭及其周邊。「沙連」原指內山原住民之棲息地，內山為一連串多積水的盆

〔註104〕〔清〕錢琦：《澄碧齋詩鈔》，卷7，頁326。

〔註105〕〔清〕董天工：《臺海見聞錄》卷1，〈山川〉，頁4。

〔註106〕〔清〕張湄：《柳漁詩鈔》卷7，頁363；亦收入《全臺詩》第2冊，頁153。

〔註107〕〔清〕張湄：〈水沙連〉注，見《柳漁詩鈔》卷7，頁363；亦收入《全臺詩》第2冊，頁153。

〔註108〕〔清〕季麒光：〈臺灣雜記〉，收入臺灣銀行經濟研究室編：《臺灣輿地彙鈔》，臺灣文獻叢刊第216種（臺北市：臺灣銀行經濟研究室，1965年），頁1。

地群，加上波光粼粼的日月潭湖水，美麗而自然，因而有「水沙連」之美稱。此詩描寫番人所居的山中之湖水沙連，青山環繞，水映碧空，清麗自然。錢琦詩有「照眼水沙明，竹翠排雲影」〔註109〕之語，述此清幽之境。除了優美景致，詩人亦提及當地居民的生活方式：「稻熟浮田吠蛤涼」、「煙火渡頭移蟒甲。」水沙連中突一嶼，番民繞嶼而居，架竹木浮於水上，藉草承土以種稻，是為「浮田」。各社往來，則舉火為號，以小舟「蟒甲」渡水。〔註110〕全詩呈現水沙連的幽靜景致與隔絕之民，不似中土人間。

記城臺遺蹟者，如張湄〈赤嵌樓〉：

> 巍樓遙望屹西東，月戶雲窗結構工。
>
> 極目晚天環海市，倚闌誰憶荷蘭宮。〔註111〕

詩人描述城樓「月戶雲窗結構工」，且在樓頂能「遙望屹西東」，可知此處應非當時位於安平鯤身沙洲上的磚城安平古堡，而是今臺南赤嵌樓。《重修臺灣縣志》：「赤嵌樓，在鎮北坊，明萬曆末荷蘭所築。背山面海，與安平鎮、赤嵌城對峙。以糖水、糯汁搗蜃灰疊磚為垣，堅埒於石。……無雉堞。南北兩隅，瞭亭挺出，僅容一人站立，灰飾精緻。樓高凡三丈六尺有奇。雕欄凌空，軒豁四達。……」〔註112〕赤嵌樓為昔日據臺荷人所築，背山面海，無雉堞，其南北兩隅有瞭亭，登樓遠眺，可見海濱浪潮與沿海城市，錢琦詩云「日腳浮雲外，潮頭落檻前」〔註113〕，即寫瞭亭登高景況。詩人倚欄憑眺，想如今臺灣早已納入朝廷版圖，有誰還會想起此處曾經是荷蘭人的宮城呢？除了有朝代遞嬗，時光流逝的感歎，亦對清朝統治有效達到海疆邊境，河清海晏的情形，感到舒心平和。

亦有記臺灣園林勝景，如六十七〈登澄臺觀海〉：

> 層臺爽氣豁雙眸，遠望滄溟萬頃收。
>
> 赤霧㘩將紅日暮，銀濤拍破碧雲秋。
>
> 鯤鵬飛擊三千水，島嶼平堆十二樓。

〔註109〕〔清〕錢琦：〈水沙連〉，見《澄碧齋詩鈔》，卷8，頁333。
〔註110〕參見〔清〕范咸：《重修臺灣府志》卷1〈封域〉，〈山川〉，「水沙連」條，頁43。
〔註111〕《全臺詩》第2冊，頁167。
〔註112〕〔清〕王必昌：《重修臺灣縣志》卷15〈雜紀〉，〈古蹟（附宅墓）〉，「赤嵌樓」條，頁529。
〔註113〕〔清〕錢琦：〈登赤嵌樓〉，見《澄碧齋詩鈔》，卷7，頁323；《全臺詩》詩題作〈赤嵌樓〉，見《全臺詩》第2冊，頁324。

極目神州渺無際，東南形勝此間浮。〔註114〕

澄臺在臺灣道巡道署之後，為康熙年間高拱乾所建。澄臺之上可觀海，陟高曠覽，滄溟島嶼，悉入望中，此即「澄臺觀海」，為臺灣八景之一。〔註115〕此詩即寫登臺觀覽所見。登上高臺，眼界霎時大開，神清氣爽。紅日將落，染得海上薄霧赤紅一片，海濤拍岸，鷗鳥擊波，遠處萬頃滄溟，盡收眼底。極目遠眺，世界似乎無邊無際，只餘此處這個漂浮於東南沿海的小島。詩人登高眺望，頗有遺世獨立之感。道署之後另有斐亭，張湄詩云：

留得清風動去思，千竿瀟碧影猗猗。

何人呼起文同筆，有斐亭前畫衛詩。〔註116〕

斐亭為康熙年間高拱乾所建。四周叢篁環植，「千竿瀟碧影猗猗」，蒼翠襲人，其命名取衛詩「有斐」之義。每夏秋間，清風掠樹，竹韻璆然，與海濤聲相互和答，是為「斐亭聽濤」，亦是臺灣八景之一。

三、臺陽物產

臺灣終年溫暖，不見霜雪，六十七詩曾描述其為「節逾大雪曾無雪，日暖風恬景物佳」〔註117〕，溫暖的氣候，豐沃的土壤，培育出許多與中原相異的物產，而海島的位置，也使臺灣擁有許多自外地傳入的特殊植物。臺灣特有的草木花果，經常成為御史詩人筆下歌詠紀錄的題材。

臺人常以綠珊瑚作籬，六十七詩有「天然籬落綠珊瑚」語〔註118〕。張湄詩云：

一種可人籬落下，家家齊插綠珊瑚。

想從海底搜羅日，長就苔痕潤不枯。〔註119〕

綠珊瑚即綠玉樹，自呂宋來，有枝無葉，不著花，槎枒互出，映翠玲瓏，

〔註114〕《全臺詩》第2冊，頁245。

〔註115〕《臺灣府志》所錄臺灣八景為：安平晚渡、沙崑漁火、鹿耳春潮、雞籠積雪、東溟曉日、西嶼落霞、澄臺觀海、斐亭聽濤。見〔清〕高拱乾纂輯：《臺灣府志》卷9，〈外志〉，〈古蹟〉，臺灣文獻叢刊第65種（臺北市：臺灣銀行經濟研究室，1960年），頁223。

〔註116〕〔清〕張湄：〈斐亭〉，見《全臺詩》第2冊，頁167～168。

〔註117〕〔清〕六十七：〈北行雜詠〉九首之四，見《使署閒情》，卷2，詩2，頁65；亦收入《全臺詩》第2冊，頁245。

〔註118〕〔清〕六十七：〈即事偶成二律〉二首之一，見《使署閒情》，卷2，詩2，頁61；亦收入《全臺詩》第2冊，頁241。

〔註119〕《全臺詩》第2冊，頁178。

然其枝皮破有漿，沾人肉毒爛不可醫。〔註120〕故錢琦詩序謂「臺人取以夾
籬，暴不敢入」〔註121〕除了樹木外，花卉也是詠物詩題材，如錢琦〈斑枝
花〉：

> 身繡龍鱗松作骨，花開絳蠟子如棉（斑枝即木棉，以枝上多苔文成鱗甲故
> 名。花落而實，中有棉如絮）。
> 年年二月東風煖，無數鷗鴶飛滿天。〔註122〕

斑枝即木棉。「身繡龍鱗」描述木棉樹枝鱗甲般的紋路，「絳蠟」則形容木棉
花橘紅色、蓓蕾堅厚的花朵。木棉花果實中有棉絮，每年二月春暖，花落實
熟，滿天棉絮飄揚，煞是奇觀，有如無數鷗鴶漫天飛舞，亦象徵著詩人滿懷
的紊亂愁緒。又有貝多羅花，張湄詩云：

> 奇英六出幹三叉，薝蔔香中嗅露華。
> 曾識僧龕寫經葉，而今始見貝多花。〔註123〕

貝多羅花，即今日通稱之雞蛋花、緬梔。「奇英六出幹三叉」，狀其花枝皆三
叉，花瓣六出。錢琦詩「淡黃小白嫣嫣紫，團簇錦繡如朝霞」〔註124〕，則形
其花形花色。貝多羅香似梔子，臺人稱之為番花。《續修臺灣府志》記載其為
「木本，種自西洋。葉似枇杷，梵僧用以寫經。」〔註125〕貝多羅花葉形似枇
杷，古時僧人常用以書寫佛經，故而詩云「曾識僧龕寫經葉」，錢琦詩亦有「不
如小摘三百片，淨磨濃墨書楞伽」之語〔註126〕。

臺灣特產果物，也是詩人常書寫的對象。如錢琦〈番檨〉：

> 密葉繁花臃腫材，午風薰處子成堆。
> 蓬萊可是無佳味，許爾和鹽入鼎來（氣味辛酸，臺人酷嗜之。每當新後，
> 用鹽少許拌蒸，名曰蓬萊醬）。〔註127〕

番檨即土芒果。《海東札記》有云：「亦稱番蒜……。樹高大，葉尖長，濃可
蔭畝。花微白，小朵有香。結實，膚綠肉黃，味酸甘，盛夏大熟，人爭瞰之。

〔註120〕參見〔清〕董天工：《臺海見聞錄》卷2，〈臺木〉，「綠珊瑚」條，頁56。
〔註121〕〔清〕錢琦：《澄碧齋詩鈔》，卷8，頁329。
〔註122〕同上註，頁328。
〔註123〕《全臺詩》第2冊，頁176。
〔註124〕〔清〕錢琦：〈貝多羅花〉，見《澄碧齋詩鈔》，卷8，頁328。
〔註125〕〔清〕余文儀：《續修臺灣府志》卷18，〈物產（二）〉、〈草木〉，「貝多羅花」
　　　　條，頁603。
〔註126〕〔清〕錢琦：〈貝多羅花〉，見《澄碧齋詩鈔》，卷8，頁328。
〔註127〕〔清〕錢琦：〈番檨〉，見《澄碧齋詩鈔》，卷8，頁330。

又或蘸鹽以代蔬，切片用糖罨之，名曰蓬萊醬。……」〔註128〕番檨植株粗大，故云「臃腫材」，其樹蔭濃密，花小而密，實大產於盛夏，故云「午風薰處子成堆」。臺人取其果肉，加鹽拌蒸為醬，曰蓬萊醬；或蘸鹽代蔬，或切片醃糖，皆為佳味。

又如檳榔，為臺地特有之物，《臺陽見聞錄》云：「臺地男女均嗜咀嚼不去口，唇齒皆殷。」〔註129〕張湄詩「朱唇那復吐脂香」〔註130〕、六十七詩「無分妍醜盡朱唇」〔註131〕，都是描述臺人食用檳榔後口若胭脂之態。檳榔在當時臺灣社會亦佔有重要地位，如張湄詩：

> 睚眦小忿久難忘，牙角頻爭雀鼠傷。
>
> 一抹腮紅還舊好，解紛惟有送檳榔。〔註132〕

《臺陽見聞錄》云：「客至，必以獻，即以代茶」〔註133〕，檳榔除了是臺人待客不可或缺的重要果品，若人民之間有口角、嫌隙，亦能藉送檳榔，表示善意，化解糾紛。以中原少見的草木花果入詩，除了表露詩人的新奇心態，也為臺灣特有風土物產作了第一手紀錄。

第四節　雜感抒懷

御史詩人身負皇命，自中土大陸遠渡邊疆海島，新奇、陌生的環境，激發他們的詩歌靈感；而他們離鄉背井，滿腔難以排遣的愁鬱，亦託付於詩歌，吟成一首首令人低迴的思鄉之音。另一方面，詩歌也寄寓了御史們從宦的心志抱負，在臺任官的景況。以下概分鄉情、仕情、閒情三大類，對御史詩人的雜感抒懷詩作進行析論。

一、鄉情

故鄉之思，是每一位離鄉的遊子無可避免的情感。縱然臺灣景色新奇秀美，然對御史們而言，終究是離鄉背井。他們渡海為官，遠道而來，鄉情更

〔註128〕見〔清〕朱景英：《海東札記》卷3，〈記土物〉，臺灣文獻叢刊第19種（臺北市：臺灣銀行經濟研究室，1958年），頁36。

〔註129〕〔清〕唐贊袞：《臺陽見聞錄》卷下，〈果品〉，「檳榔」條，頁166。

〔註130〕張湄：〈棗子檳榔〉，見《全臺詩》第2冊，頁177。

〔註131〕六十七：〈即事偶成二律〉二首之二，見《使署閒情》，卷2，詩2，頁61；亦收入《全臺詩》第2冊，頁241。

〔註132〕張湄：〈檳榔〉，見《全臺詩》第2冊，頁171。

〔註133〕〔清〕唐贊袞：《臺陽見聞錄》卷下，〈果品〉，「檳榔」條，頁166。

為濃厚，時有「世遠身若棄」〔註 134〕之感。難以排遣的鄉愁，在夜闌人靜之時，最易湧上心頭。如張湄有〈秋夕〉二首：

> 向夕生西風，一雨洗殘暑。橫眠古竹牀，家遠夢亦阻。
>
> 蕉影入戶涼，秋鐙照蛩語。〔註 135〕
>
> 滄波催白頭，作客老未慣。酒醒海月低，庭虛曙星粲。
>
> 夜夜五更初，角聲似孤雁。〔註 136〕

秋天是特別容易引起感傷的季節，第一首寫秋雨洗去末夏的暑氣，詩人橫臥竹床，卻怎麼樣也睡不著，隻身渡海來臺任官，家鄉在遙遠的彼方，如今因為失眠，竟連入夢思鄉亦不可得，只能望著芭蕉影子，聽著蟲鳴度過漫漫長夜。第二首寫詩人雖已來臺一段時間，卻仍不習慣客居，深夜耳邊的海濤聲，聲聲催人老，酒意略退之後，獨自攬景，又是一個不眠夜，遠處的角聲，有如孤雁的悲鳴。兩首皆描寫詩人深夜不能寐，憂思、鄉愁不斷，以蟲鳴與角聲作結，單一的聲音在秋季深夜中迴盪，更突顯了詩人內心深沉的寂寞與孤獨。又如錢琦〈秋日登赤嵌城〉：

> 一自兵銷日月光，牛皮尺地幻滄桑。
>
> 空餘芳草埋荒堞，無數殘烽〔註 137〕臥夕陽。
>
> 歌扇舞衫春寂寂（舊礮廢棄者甚野，皆紅彝所遺也），海潮山月夜茫茫。
>
> 重來不盡登臨興，何處秋風是故鄉。〔註 138〕

在登高望遠之時，容易引發憂思之情。詩人秋日登赤嵌城，感懷城池昔日之兵銃烽火與滄桑歷史。此地城樓為荷蘭人所遺，曾為舞榭歌臺，亦曾為兵燹戰場，如今卻僅餘廢棄舊礮，不禁令人感慨唱嘆。登高四顧，只見遠處海潮、山峰與高掛天空的月亮，天地茫茫，此時詩人全無登高遠眺的興致了，蕭颯的秋風，撩起滿懷鄉愁。

二、仕情

　　御史詩人來臺，主要目的是代天巡狩，巡察地方，其仕宦為官的抱負與

〔註 134〕〔清〕張湄：〈辛酉（1741）除夕〉，見《柳漁詩鈔》卷 7，頁 363；亦收入《全臺詩》第 2 冊，頁 152。

〔註 135〕《全臺詩》第 2 冊，頁 156。

〔註 136〕同上註。

〔註 137〕《全臺詩》作「鋒」。

〔註 138〕〔清〕錢琦：《澄碧齋詩鈔》，卷 8，頁 331；亦收入《全臺詩》第 2 冊，頁 328。按：此詩小注來自《澄碧齋詩鈔》，《全臺詩》無注。

承頌君恩的話語，也呈現於詩歌之中。如六十七〈鹿耳門汛即事〉：

乘風才命駕輕航，回首荒城已渺茫。

日與雲山爭隱見，天連波浪若低昂。

巡行鹿耳新防汛，指點鯤身舊戰場。

誰道疆隅惟恃險，熙朝盛德足金湯。〔註139〕

詩人身為御史，前來巡察鹿耳門的新防汛。乘船出海，輕舟乘風航行，急速而快捷，回首海岸荒城已經幾乎望不見了。身處海上，遙望只見浮雲飄過，遠方太陽與山巒若隱若現，海天一線，波浪起伏跌宕。由詩歌可見，巡察結果應令六十七十分滿意，因而有「誰道疆隅惟恃險，熙朝盛德足金湯」的讚頌之語。做好鹿耳門的防汛工作，得以保障沿海人民的安居，雖說鹿耳門本身恃有鐵板沙線之天險，但現今在朝廷盛德統治下，鯤海澄清，百姓安居，邊疆海島即使不恃天險防禦，也能固若金湯。詩人藉由巡汛，讚頌清廷統治之下，臺灣情勢的穩固昇平，表現出詩人對帝國的信任與效忠，同時也流露出對帝國統治權力遠達邊疆的欣喜之感。又如錢琦〈東郊勸農〉五首之一：

時雨足芳田，駕言出東郭。出郭安所之，勸民勤力作。

涓涓溪水流，寥寥天宇廓。芳草競鮮新，野花自開落。

游覽豈不佳，中懷別有託。〔註140〕

此詩為巡行途次所作。詩人正出發前往農村，巡察農田，勸民勤作。時值新雨方過，田水充足，溪水涓涓。環顧但見天宇遼闊，一路上芳草新鮮，野花鮮妍，景致可人，無奈詩人身有要務，無法全心游覽，只能辜負眼前一番美景了。「游覽豈不佳，中懷別有託」，即使身處海外，美景當前，詩人對巡行之責也無絲毫懈怠，表現出詩人對自身職務的負責態度，以及對帝國君王的盡職效忠。

三、閒情

從御史詩人的詩歌，能概略一窺他們在臺任官的情形。如六十七〈莊副使惠女貞酒賦謝限從字〉：

搗香篩辣春溶溶，甕醅初潑金芙蓉。

入唇一盞何醇釀，光浮海上最高峰。

〔註139〕〔清〕六十七：《使署閒情》，卷2，詩2，頁62；亦收入《全臺詩》第2冊，頁242。

〔註140〕〔清〕錢琦：《澄碧齋詩鈔》，卷8，頁329。

　　知是女貞合，作釀桂兼松。青州從事披心胸，瀛壖副使嘉惠重。

　　時逢歲稔樂三農，我今無事飲千鍾，醉鄉王績聊相從。〔註141〕

由「時逢歲稔樂三農」可知，臺灣正值豐收之年，昇平無事，詩人職務閒散，於是「無事飲千鍾」，與同僚飲酒同歡，歌頌王績，呈現出臺灣局勢穩定，官員閒逸恬適之景況。又如錢琦〈即事書懷〉：

　　官齋寂靜似僧廬，一笑龕同彌勒居。

　　待客徑開花好處，懷人書寄雁飛初。

　　百年歲月三秋老，萬里關山兩鬢疏。

　　博得海天雲樹裏，朝朝清課理蟫魚。〔註142〕

平日裡的官署鮮少有人往來，安靜寂寥得有如僧寺，暗示著官務閒散，少有人員洽公。署中小徑的花開得正好，此時詩人卻懷念起家鄉故友。海外遊宦，總覺時間過得特別快速，萬里關山，轉瞬白髮。汲汲於仕途，而今只換來身處小島一隅，日日清理書本中的蟫魚。全詩描寫官署日常的閒暇氛圍，錢琦更有詩云：「日長公事少，坐看鳥飛還」〔註143〕，可見詩人官務閒散。而張湄自述官務清閒之作則較少，〈遊彌陀寺贈喝能上人〉二首之一，記錄了詩人在公務之餘的閒情：

　　宦跡重溟外，遊情半日閒。妙香禪室靜，灌木鳥音蠻。

　　種葉常書偈，留雲早掩關。稍聞烹水法，容我坐苔班。〔註144〕

詩人得半日閒情，遊覽彌陀寺，並與喝能上人相互唱和。全詩呈現出佛寺靜謐的禪妙氛圍，亦有詩人欲拋卻官務，遠離塵囂，暫享閒情之意。

第五節　雅集酬唱

　　此類作品是御史詩歌的常見題材。由於清廷有禁止結社的規定，臺灣在「東吟社」之後，康熙朝不曾再有文學社團，然結社之名雖不可有，文人們卻仍有交遊與詩酒酬唱的習慣，透過御史與其他官員、文人的唱和應酬之作，

〔註141〕〔清〕六十七：《使署閒情》，卷2，詩2，頁61；亦收入《全臺詩》第2冊，頁240～241。

〔註142〕〔清〕錢琦：《澄碧齋詩鈔》，卷8，頁332。

〔註143〕〔清〕錢琦：〈署西隙地數弓中有古井，覆亭其上，余顏之曰坐觀，旁綴以花木竹石，公餘遊眺，亦居然海上一洞天也，得詩四首〉其一，見《澄碧齋詩鈔》，卷8，頁327。

〔註144〕〔清〕張湄：《柳漁詩鈔》卷7，頁368；亦收入《全臺詩》第2冊，頁163。

可概略了解當時文人的文學活動與交遊情形。以下分歌頌、宴遊、題畫、贈答四類進行析論。

一、歌頌

張湄有〈惠獻貝子功德詩八章寄呈德濟齊制府並序〉八首，歌頌惠獻貝子傅喇塔平定閩浙耿精忠勢力一事。〔註145〕其他臺灣官員如劉良璧、楊二西、舒輅等均曾有頌惠獻貝子功績之詩，〔註146〕乾隆初年，陳繩更奉詔編有《惠獻貝子功績錄》〔註147〕。張湄八首組詩，有并序，紀頌惠獻貝子受命南征、平定閩浙，而後卻功成身死的事蹟，如八首之三：

> 惠澤仁風卻戰氛，恩懷挾纊遍三軍。
>
> 梯雲冷闢荊榛路，渡水宵乘鷁鷺群。
>
> 疾苦再三親慰問，簞醪取次愛平分。
>
> 丈人正協師中吉，馬首謳歌到處聞。〔註148〕

讚美惠獻貝子奉命南征，雖然前線戰事緊張，貝子治軍仍心懷仁德，不僅身先士卒，對軍士疾苦更是親自慰問，飲食亦能與士兵平分同享，與全軍同甘共苦，惠澤三軍，士兵們無不感佩。歷經「勞瘁年年短後衣」的長期征戰，惠獻貝子終於「大將功成」，順利平定亂事，就在即將班師回朝前夕，貝子卻因遠征過度勞碌，盡瘁身死，全軍無不哀慟，君王憫其平亂有功，卻積勞薨逝，「禮備榮哀答壯猷」，身後禮備極哀榮，子孫亦襲爵受封。〔註149〕後來更

〔註145〕康熙 13 年（1674）3 月，耿精忠據福建反，6 月朝廷命固山貝子傅喇塔為寧海將軍，同奉命大將軍康親王傑書率軍討伐。期間屢屢大敗謀逆叛軍，15 年（1676）9 月抵福建，耿精忠降，浙江諸寇悉平。然傅喇塔卻積勞成疾，於是年 11 月卒於軍中，年五十五，諡曰惠獻。其事蹟詳見《欽定宗室王公功績表傳》卷 10，傳 8 貝子，〈固山貝子傅喇塔傳〉，收入《景印文淵閣四庫全書》第 454 冊，史部 212，傳記類，（臺北市：臺灣商務印書館，1984 年），頁 182～185；《欽定八旗通志》卷 130，人物志 10，宗室王公傳 8，〈贈和碩親王惠獻貝子傅喇塔〉，收入《景印文淵閣四庫全書》第 666 冊，史部 424，政書類，（臺北市：臺灣商務印書館，1984 年），頁 126～129。

〔註146〕劉良璧有〈惠獻貝子功德詩〉，楊二西有〈恭紀惠獻貝子王平定浙閩功績頌言〉4 首，舒輅有〈恭紀惠獻貝子王平定浙閩功績頌言〉2 首。見《全臺詩》第 2 冊，頁 138、140、209。

〔註147〕見《全臺詩》第 2 冊，頁 180。

〔註148〕張湄：〈惠獻貝子功德詩八章寄呈德濟齊制府〉八首之三，見〔清〕張湄：《柳漁詩鈔》卷 7，頁 361；亦收入《全臺詩》第 2 冊，頁 147。

〔註149〕「喪還，特遣內大臣一等公頗爾盆至天津迎奠，諡曰惠獻。十七年七月諭宗

賜其入祀賢良祠，八首之八云：

> 紫泥書札鳳鸞馳，詔予賢良再立祠。
>
> 海國瞻依同怙冒，瑤林鬱積發孫枝。
>
> 香升俎豆烝嘗遠，節制東南榮戟移。
>
> 我亦州民叨廈庇，詠恩聊繼瓠蒲詩。〔註150〕

朝廷撫卹、彰顯惠獻貝子剿寇平亂之功勳，下旨其入祀賢良祠。〔註151〕祭祀惠獻貝子的祠廟屹立海疆，使人民感念其恩澤，並望其英靈能庇護、永固東南沿海，使其再無戰事。此類詩歌，較缺乏作者個人的真情實感，多歌頌朝廷或特定人物，顯示詩人自身對朝廷權力的認同與效忠，並為貴族的功績錦上添花，官員之間交際酬答的成分較多。

二、宴遊

　　御史詩歌多有官員宴遊、集會的記錄，從詩題可見其雅集、遊覽的地點及對象：地點多於官署之內，如臺灣府署之四合亭、澄臺等，或於海會寺、彌陀寺等佛寺；唱和對象主要為在臺官員，亦有方外人士。此類詩作尤以張湄為多，如〈上元前二夕范松浦太守招飲郡署即席有作〉：

> 佳餉傳柑勝事多，雙榕橋下粲星河。
>
> 纔逢瑞雨如珠灑，卻訝仙槎犯斗過。
>
> 彩耀銀幡春不夜，光連貝闕海無波。
>
> 黃堂一夕琴絲動，萬井同賡麥秀歌。〔註152〕

此詩為飲宴應酬之作。乾隆《泉州府志》引《歲時記》云：「上元以柑相遺，謂之傳柑」〔註153〕，上元傳柑，取大吉大利之意，而「雙榕」即郡署中四合亭側的老榕橋，「老榕根幹蟠結，架空如橋。亘數丈，廣二尺許；人可步履其

人府曰：貝子傅喇塔係宗室懿親，為國宣力，躬履行間，剿禦賊寇，撫綏兵民，平定地方，勳猷茂著，積勞薨逝，深為可憫，應優卹以示朕酬庸之意。不拘定例，著封其子富善仍為固山貝子，次子福存為鎮國公。」見《欽定宗室王公功績表傳》卷10，頁183～184；《欽定八旗通志》卷130，頁128。

〔註150〕張湄：〈惠獻貝子功德詩八章寄呈德濟齋制府〉八首之八，見〔清〕張湄：《柳漁詩鈔》卷7，頁361；亦收入《全臺詩》第2冊，頁147～148。

〔註151〕「乾隆5年12月，傅喇塔入祀浙江賢良祠；6年4月復入祀福建賢良祠。」見《欽定宗室王公功績表傳》卷10，頁184；《欽定八旗通志》卷130，頁128。

〔註152〕《全臺詩》第2冊，頁161。

〔註153〕見〔清〕懷蔭布修；〔清〕黃任，〔清〕郭賡武纂：《乾隆泉州府志》，卷20，〈風俗〉（上海：上海書店，2000年），頁1656。

上，名曰仙梁」〔註154〕。上元佳節前夕，范松浦太守〔註155〕召集官員，宴於
臺灣府署，眾人承傳柑遺意，於榕梁橋下歡愉宴飲，彼時一陣春雨剛過，夜
空卻星光燦爛。晚宴上，熠熠燭光照著銀箔製成的幡旌，流光彩溢，顯出晚
宴的氣派；藉著光亮遠眺海岸，海水平靜無波，暗喻著臺灣局勢穩定，天下
太平。即使如此，詩人仍深知為官之責，高坐黃堂的官員們，施政應認真謹
慎，否則官府一旦決策失當，就可能使萬千百姓遭禍，表現詩人的政治抱負
與為官之心。又如〈九日集郡齋四合亭贈錢道源太守〉：

> 把酒題糕興未孤，仙亭四合讌清娛。
> 黃花舊里親朋遠，碧海西風節物殊。
> 畫永庭墀秋一鶴，年豐歌頌野多稌。
> 登高健足應猶昔，醉上榕梁不索扶。〔註156〕

如題，為重陽之宴所作。九九重陽，按例應與親友登高飲酒，然臺灣遙在萬
里，親朋遠離不能相見，適逢佳節，詩人雖無明言，字裡行間仍流露思鄉懷
友之情，既然無法與親友團聚，這些遠仕海島的遊人，就齊聚一堂，宴於四
合亭畔，飲酒賦詩，共度佳節。島上風物與中土相異，即使已屆秋季，仍氣
候溫暖，白日甚長，極是特殊。宴飲亭畔，眾人觥籌交錯，歌詠豐年，十分
快活，既逢重陽，自應登高，在此不如就以高大的榕樑相代，半醉而登仙樑，
腳步雖不穩，卻不要他人相扶。全詩表現重陽遊宴的盡興與和樂。大凡此類
宴遊之詩，多寫飲宴遊樂，頌時平穀豐，表現出廩實年豐、百姓安樂的和平
盛世，有奉承君王，標榜政績之意，應酬意味濃厚。

　　宴遊一類詩作，詩題多為和韻、次韻、疊韻、贈答等（見第二章第四節），
如張湄〈和喝能上人長至韻〉、〈遊海會寺次楸邨韻〉、〈澄臺小集疊韻〉、〈勸
農答贈何尚敏總戎〉，以及六十七〈十月二十三日莊副使相邀賞菊次范侍御韻〉
等；並有同題、限韻等遊戲之作，如張湄〈秋海棠和秦蘭谷〉、〈香煙與蘭谷
同賦〉等；六十七〈新雨〉、〈新鶯〉、〈新月〉，以及〈七里香限芳字〉、〈水仙花
限冰字〉〈頹桐花限龍字〉等限韻作品，應為雅集時共賦歌詠之戲作（詳見頁29
～32）。

〔註154〕見〔清〕王必昌：《重修臺灣縣志》卷15〈雜紀〉，〈古蹟（附宅墓）〉，「榕梁」
　　　　條，頁536。
〔註155〕應為范昌治，浙江鄞縣人，乾隆7年（1742）任臺灣府知府，乾隆10年（1745）
　　　　被議解任。參《全臺詩》第2冊。
〔註156〕《全臺詩》第2冊，頁152。

三、題畫

　　此類詩歌以六十七為多。六十七有不少與繪畫相關的詩作，如〈畫菊〉；

　　　少年只愛繁華好，晚節方知冷淡香。

　　　數朵攜歸三逕裏，孤松相伴傲寒霜。〔註157〕

菊之冷淡清雅，詩人少時不能領會，而今愛不忍釋，攜歸還家相伴，表現詩
人愛菊之心，也藉以隱喻自身人品，如菊如松，淡雅孤高。詩題「畫菊」，可
能是詩人繪菊花時所作，或是題菊花圖之詩。另有〈畫竹〉〔註158〕、〈題畫山
水〉〔註159〕、〈題碧桃花〉〔註160〕等，皆為此類。再如〈題張司馬七夕乘槎
圖〉：

　　　南省追隨共一秋，東溟相聚又同舟。

　　　怪君已在天池上，更欲乘槎何處遊。〔註161〕

張司馬即張若霳，乾隆11年（1746）任臺灣海防捕盜同知。應是張若霳繪七
夕乘槎圖，而六十七加以品評、題詩。由詩作可知，兩人之前曾同地任官，
而今又齊仕臺郡，情誼不同一般，或許因而時有題畫、唱和等戲作，其他如
〈題張司馬七夕乘槎圖〉〔註162〕、〈戲題張司馬三盃草聖圖〉〔註163〕。從同
期官員為六十七所作的題畫詩來看〔註164〕，六氏應該雅擅丹青，喜愛以詩、
畫與官員文士酬答。而另一御史錢琦，《澄碧齋詩鈔》題畫相關詩作亦多，然
多非巡臺時所作，在臺僅有〈題畫〉一首，在此不加論述。〔註165〕

四、贈答

　　在臺官員、文人亦時有贈物酬答之作。如張湄〈楸邨惠鴿卵戲賦短句為
謝〉：

　　　盤寫晶丸轉未停，弘成吞處石光熒。

〔註157〕〔清〕六十七：《使署閒情》，頁62；亦收入《全臺詩》第2冊，頁242。
〔註158〕同上註，頁59；同上註，頁238。
〔註159〕同上註，頁59；同上註，頁238。
〔註160〕同上註。
〔註161〕同上註，頁63；同上註，頁243。
〔註162〕同上註，頁63；同上註，頁243。
〔註163〕同上註，頁63～64；同上註，頁244。
〔註164〕臺灣道莊年則有〈題六給諫看竹圖〉一詩，見《使署閒情》，頁77。方豪於
　　　　　〈乾隆初旅臺滿洲學人六十七〉一文提及六十七的繪畫，見方豪：〈乾隆初旅
　　　　　臺滿洲學人六十七〉，頁404～405。
〔註165〕錢琦題畫詩，巡臺所作僅〈題畫〉一首，見《澄碧齋詩鈔》卷8，頁332。

何如插羽凌風去，碧落新晴聽遠鈴。〔註166〕

書楸邨給諫〔註167〕惠贈鴿卵，詩人戲作為謝，將小巧渾圓的鴿卵喻為「晶丸」，並引弘成吞食如鳥卵之文石，遂成名儒的典故，詩末則寫鴿兒破卵而出，凌風而去的想像。又如六十七〈方司馬惠九頭柑柬謝〉：

海壖殘臘試霜柑，纔把清香興已酣。

採自千頭金顆重，攜來九瓣玉漿甘。

種傳甌粵原無匹，宴飲華林舊賜三。

不是乘槎遠行役，殊方佳味那能諳。〔註168〕

九頭柑及虎頭柑，原產於福建、廣東一帶，臺灣的九頭柑產於歲末，質佳味美，果香襲人，吃起來如飲玉露瓊漿。方司馬〔註169〕以此物贈與六十七，從其答謝之作，可知詩人對九頭柑的美味十分讚賞。其他如張湄〈楸邨送蘋果賦謝〉〔註170〕、〈莊副使惠女貞酒賦謝限從字〉〔註171〕等，皆為贈物賦謝之作。此類贈答詩，可從中窺見當時文人官員在臺灣的來往情形。

第六節　小結

綜上所論，巡臺御史詩歌的主要題材，可概分為巡臺紀行、巡行教化、臺灣風物、雜感抒懷、雅集酬唱五大類。

巡臺紀行一類，主要書寫御史來臺赴任、抵臺就任以及卸任離臺途次之感懷與心境。遠道來臺，御史詩人多流露不捨離京，對未來仕途的不確定感，以及對權力中心的眷戀。然御史畢竟是代天巡狩，出使重要海疆，詩有表現出能順勢遊覽海國的快意，並抒發上報君王恩德，一展為官抱負之思。來臺途次，「渡海」是御史們必經的體驗，詩作中多有渡海經驗的描寫，以及對渡海的恐懼，亦不乏對海洋的想像與讚嘆。而巡臺御史的途次詩作，也記錄了

〔註166〕《全臺詩》第2冊，頁159。

〔註167〕推測應為書山，姓鈕祜祿氏，字英崿，滿洲鑲黃旗人，乾隆7年（1742）任巡視臺灣監察御史，乾隆9年（1744）差滿。給諫為六科給事中別稱。參《全臺詩》第2冊，頁220。

〔註168〕〔清〕六十七：《使署閒情》，頁61；亦收入《全臺詩》第2冊，頁240。

〔註169〕即方邦基，字樂只，號松亭，浙江仁和人，乾隆7年（1742）任臺灣府海防捕盜同知，乾隆12年（1747）任滿。參見〈臺灣清代官職表查詢系統〉http://140.112.30.230/Career_tb/index.php。

〔註170〕《全臺詩》第2冊，頁163。

〔註171〕同上註，頁240～241。

他們的赴（卸）任路線。

　　巡行教化一類，主要描述御史巡行臺灣南北二路途次所見所感。詩作有敘述出巡儀隊之景況，巡行路途的艱辛；有歌詠農田生機與純樸民風之詩，有喜農田得雨潤澤，百姓歡欣耕作之作，亦有曉諭農民勤耕力作的勸勉之語。撫番教化是御史出巡的主要職責之一，詩歌紀錄了詩人走訪番社之聞見，有番人對巡行隊伍的歡迎，以及番社民風、番人衣飾、形貌等，並有對番童教化有成的欣喜，表現出他們身負帝國聖諭的使命，以及作為統治階層的觀察視角。

　　臺灣風物一類，主要記述御史巡臺所見之臺灣特有風俗、景色及物產。臺灣風土民情與中原大不相同，御史詩人巡查各地，同時觀風採俗，寫入詩歌。有記番人之風俗，亦寫渡海而來之閩粵移民習俗；臺灣之山海溪河、城臺遺蹟等，亦入其詩。而臺灣特有的草木花果，也經常成為御史詩人筆下歌詠紀錄的題材。此類詩作有如《詩經》所言「采詩以觀風俗」，書寫別具意義，既是對臺灣風物的紀錄，也能提供中央統治者作為參考。

　　雜感抒懷一類，主要抒發御史詩人來臺任官的雜感情懷。他們離鄉背井，渡海來臺，滿腔難以排遣的鄉情愁緒，只能託付於詩歌。而詩歌也寄寓了御史詩人來臺從宦的心志抱負，表現出詩人對帝國的信任與效忠，同時也流露出對帝國統治權力遠達邊疆的欣喜之感。描寫為官閒情的詩作，則呈現出臺灣局勢穩定，官員閒逸恬適之景況，詩人自稱公務閒散，也隱含了有志難伸的慨歎。

　　雅集酬唱一類，主要紀錄御史詩人的官方酬答，以及他們在臺灣的文學活動與交遊情形。此類詩作為御史詩歌的常見題材，一般被認為思想、情感多不真實，文學價值不高。如歌頌一類詩歌，較缺乏真情實感，多藉頌揚朝廷或特定人物，彰顯詩人對朝廷權力的認同與效忠，並為貴族的功績錦上添花。不過，此類作品並非一無可取，其實透過御史與其他官員、文人的唱和酬答之作，能夠一窺當時文人在臺灣的文學活動與交遊情形。如宴遊之詩，雖多寫盛世情調，有奉承君王、標榜政績之意，其中亦反映了詩人的為官仁心與政治抱負；題畫之詩，顯示御史詩人的丹青之才，以及官員們在臺的風雅情韻；贈答之詩，則反映了當時文人官員在臺灣的來往情形。這些詩歌紀錄、呈現了在臺官員的文學活動與歷史實況，正是此類詩作主要價值之所在。

第五章　巡臺御史詩人的詩歌視域

　　巡臺御史詩人因公任職來臺，朝廷對御史詩人的期待，以及他們面對自我官職的調動與存在空間的劇變，皆深深影響著他們的創作，宇宙（世界）、作者，彼此關涉影響，反映在御史詩人的詩作之中，構成了他們觀看世界的特殊角度——詩歌視域。「視域」（horizon）一詞，本意為地平線，意即從某一立足點出發，所能看到的一切區域，以此來標示思想、有限規定性的聯繫，以及擴展看視範圍的步驟規則。〔註1〕個人必須在其歷史的存在之中展開理解活動，由歷史所形成的「地平線」，決定了一個人的理解視野。外在世界的變動，以及詩人本身的心境，交織出不同的詩歌視域，本章首先從張湄、六十七、錢琦三位巡臺御史的詩歌，剖析個別創作視野，進而歸納巡臺御史詩歌的獨特視角。

第一節　巡臺御史詩人的創作視野

　　本節分別探討張湄、六十七、錢琦三位巡臺御史詩人的詩歌創作視野。以其詩「絕徼山川去國身」〔註2〕、「繡衣啣命跨鯤身」〔註3〕、「茲遊之奇平生冠」〔註4〕，分別標誌三位御史，由三位詩人赴臺、離臺途次相關詩作，以及

〔註 1〕 Hans-Georg Gadamer 著；洪漢鼎譯：《真理與方法：哲學詮釋學的基本特徵》，頁 397。

〔註 2〕 〔清〕張湄：〈壬戌（1742）除夕〉，見《柳漁詩鈔》，卷 7，頁 366；亦收入《全臺詩》第 2 冊，頁 160。

〔註 3〕 〔清〕六十七：〈初抵臺灣柬書都諫〉，見《使署閒情》，卷 2，詩 2，頁 59；亦收入《全臺詩》第 2 冊，頁 238。

〔註 4〕 〔清〕錢琦：〈前渡海〉，見《澄碧齋詩鈔》，卷 7，頁 321；亦收入《全臺詩》，頁 326。

他們在臺任官、抒懷、紀行、采風等作品，析論御史詩人的個別創作視野。

一、張湄：孤絕者之眼——絕徼山川去國身

　　乾隆 5 年（1740）12 月 3 日，張湄奉旨巡臺，於乾隆 6 年（1741）4 月 12 日抵臺，乾隆 8 年（1743）4 月 12 日秩滿離臺，共計在臺 2 年。張湄巡臺詩作，帶有濃重的羈旅客寓之思，如赴臺途次，有〈石門雨泊〉：

　　　　細雨滴篷背，吳歈愁夜闌。還鄉仍是客，對酒不成歡。

　　　　水驛維舟獨，風燈照夢殘。朝來一長眺，烟景失層巒。〔註5〕

詩人赴任途中，行經故里，無奈必須趕赴臺灣上任，無法久留。夜晚獨宿孤舟，細雨一滴滴打在船篷，江上繚繞的吳歌勾起詩人愁緒，徹夜難眠。想起自己雖然回到故鄉，卻又即將離開，「還鄉仍是客」，依依的離情與鄉愁，即使把酒也無法排遣這樣的苦悶。江上孤舟一葉，風燈如豆，象徵著詩人巨大的孤寂感。天明將欲行，詩人回頭眺望故鄉，卻只見一片模糊煙景，不知是雨，是淚。張湄赴臺就任，去國宦遊，離情難捨，屢屢有「莫言揮手忽千里，襟上淚冰寒未消」〔註6〕、「酒醒乍覺天涯遠，淒絕霜堦馬齕聲」〔註7〕、「客路愁端是落花」〔註8〕等悲切之語。巡臺期間，亦常書客寓之感，有多首思鄉之作，如〈辛酉（1741）除夕〉：

　　　　庭芳會四時，梅菊欣雜置。更有小桃萼，天然綴階砌。

　　　　風光與昔殊，茲夕情不異。海靜宵逾長，世遠身若棄。

　　　　吟椒事如何，孤嶼守殘歲，燈前兒女樽，惆悵入夢寐。〔註9〕

臺灣氣候溫暖，四時不分，即使時近年終，仍可併見四季花卉，欣然錯雜，百花盛放，妝點階前，可說是風光明媚，與中原之景大異。對此殊景，詩人卻無心玩賞，來臺近一年，常感「海靜宵逾長，世遠身若棄」，自己彷彿是被朝廷遺忘在海外孤島的棄臣，在臺兩年，詩人深感志不能伸，孤寂難耐，而新歲在即，亦令他思鄉情切。此次除夕之夜，只能獨自在這孤島上度過，伴燈下之兒女樽，惆悵入夢。張湄在臺，時有「海聲吼入鄉夢中，錯認錢唐夜

〔註5〕〔清〕張湄：〈石門雨泊〉，見《柳漁詩鈔》卷7，頁359。

〔註6〕〔清〕張湄：〈晏城旅舍有寄〉二首之一，同上註，頁357。

〔註7〕同上註，二首之二。

〔註8〕〔清〕張湄：〈清明日建陽道中〉，同上註，頁360。

〔註9〕〔清〕張湄：〈辛酉（1741）除夕〉，同上註，頁363；亦收入《全臺詩》第2冊，頁152。

潮起」〔註10〕等詩，午夜夢迴，錯將臺灣的海吼，以為故鄉杭州的錢塘潮聲，去國之思極其濃厚。可見張湄對於臺灣，懷有強烈的「異域」、「他鄉」之感，對於出使巡臺，則有度日如年，渴望歸國，彷彿被棄於海外孤島，不能一展抱負的不遇之嘆。

　　然張湄畢竟處御史之職，身負代天巡狩之責，對於君王的派任，仍需盡忠完成，不負所托。巡臺期間，多有描寫巡行臺灣景況之詩，並有記述臺灣風物的百詠詩，均為其履任巡臺御史職責之實錄。值得注意的是，張湄巡行教化、記述風物一類詩作，大多由旁觀、紀錄的角度書寫，如〈和書楸村勸農韻〉：

> 衝泥輿騎海城東，野磐炊煙竹樹叢。
> 一寸遙青山寫影，千畦淨綠雨為功。
> 扶鋤父老沽醇酒，比屋雞豚見古風。
> 好待如雲秋稼熟，來看高廩共歌豐。〔註11〕

描述詩人雨後巡行勸農所見，遙望青山寫影，風景明媚，千畦良田經雨澤滋潤，一片青綠。農人荷鋤、沽酒，村落屋舍相鄰，飼有雞豚，百姓自給自足，欣然醉飽，只待秋稼收獲，填滿穀倉，便可高枕無憂，共慶豐收，呈現出一幅悠然自在的農村圖像，其他如〈喜雨有作〉、〈冒雨勸農疊韻〉等詩，詩人彷彿僅僅在述說、欣賞一幅美景，由旁觀者的視角，將臺灣農村描寫為有如桃花源般悠然安樂的仙境。然而事實上，臺灣一直存在臺米輸閩，採買價格過低，數量太大的問題，張湄任內曾上〈請採買米穀按豐歉酌價疏〉，奏請朝廷，平抑臺米價格〔註12〕；與滿御史舒輅、繼任之滿御史書山，皆曾奏建府倉，以裕民食、備荒歉〔註13〕，可知臺灣雖一歲三熟，卻還是存在米糧缺乏、糧價高漲的危機，實際情況並沒有詩歌所描寫的那般美好。張湄寫雨後出巡勸農，所見雨水充沛，百姓富足安樂，豐收指日可待云云，過度的理想與美化，帶有為官者濃厚的主觀想像，與現實頗有差距，並未貼近真實的社會與

〔註10〕〔清〕張湄：〈秋雨吟〉，同上註，頁365；同上註，頁156～157。

〔註11〕〔清〕張湄：〈和書楸村勸農韻〉，同上註，頁364；同上註，頁154。

〔註12〕見巡臺御史書山、張湄：「請採買米穀按豐歉酌價疏」，收入〔清〕謝金鑾撰：《續修臺灣縣志》卷6，〈藝文一〉，〈奏疏〉，頁424～426；唐一明：〈清代巡臺御史傳略及詩錄〉，頁72。

〔註13〕見巡臺御史書山、張湄：「請採買米穀按豐歉酌價疏」，收入〔清〕謝金鑾撰：《續修臺灣縣志》卷6，〈藝文一〉，〈奏疏〉，頁425；連橫：《臺灣通史》卷3，〈經營紀〉，頁68。

百姓，有一股淡漠的疏離感；另一方面，這也是一種自我政績的展現，表現出御史作為統治階層的視角。

張湄記述臺灣風物之詩與原住民，亦多由觀賞、紀錄的角度描寫。描寫原住民如張湄〈番俗〉六首之二：

> 競誇麻達好腰圍，健足凌空捷似飛。
>
> 薩鼓鏗鏘聲近遠，輕塵一道走差歸。〔註14〕

描寫原住民健足如飛，走差快捷，蔚為奇觀；錢琦詩亦有「野番解急公，趨事鬥捷足」〔註15〕之語，彷彿是原住民性喜捷足飛奔，自願以所長為朝廷遞送公文、傳送消息。然而事實並非詩人所言那般理想，見《臺海使槎錄》所錄的原住民歌謠：

> 喝逞唭蘇力（我遞公文），麻什速唭什速（須當緊到）；沙迷唭呵奄
>
> （走如飛鳥），因忍其描林（不敢失落）；因那唭嚧包通事唭洪喝兜
>
> （若有遲誤，便為通事所罰）！〔註16〕

可知原住民遞送公文，若有遲誤，便會遭到通事懲處。為了不受責罰，只好邁步狂奔，疾如飛鳥，故而呈現出御史所見「輕塵一道走差歸」、「趨事鬥捷足」之景況，實為官府勞役，而非天性如此。詩人僅述表面所見，停留在表象的觀察與欣賞，並未深入關懷他們的真實生活，可見原住民及其奇風異俗對詩人而言，不過是臺灣諸多殊景中的其一罷了。記臺灣風物者，如〈中秋〉：「碧天雲淨水煙微，砧杵無聲一鏡飛。畫餅香中人盡醉，嫦娥親自奪元歸。」〔註17〕記臺灣中秋製餅、飲博達旦的風俗；又如〈龍湖巖〉：「湖波鏡瑩寺門幽，面面晴巒空翠浮。寂歷輞川圖畫裏，柳煙花雨不勝秋。」〔註18〕則側寫諸羅龍潭風景之美。〔註19〕此一類紀錄風物詩作，大多僅記述所見美景殊俗，極少加入詩人個人的情感與評論，即便偶有抒感，亦多帶有上層統治者的主

〔註14〕見《全臺詩》第 2 冊，頁 172。

〔註15〕〔清〕錢琦：〈過東螺沙轆諸番社〉，見《澄碧齋詩鈔》，卷 8，頁 333。

〔註16〕〈哆囉嘓社麻達遞送公文歌〉，見〔清〕黃叔璥：《臺海使槎錄》卷 5〈番俗六考〉，〈北路諸羅番二〉，附番歌，頁 102。

〔註17〕見《全臺詩》第 2 冊，頁 166。

〔註18〕見《全臺詩》第 2 冊，頁 170。

〔註19〕《臺灣府志》：「龍湖巖在諸羅縣開化里。陳永華建。環巖，皆山也；前有潭，名『龍潭』。潭之左右，列植楊柳、桃花；亭內碧蓮浮水，蒼檜摩空，又有青梅數株，眾木茂榮，晚山入。真巖居之勝境、幽僻之上方也。」〔清〕高拱乾撰：《臺灣府志》卷 9〈外志〉，寺觀（附宮廟），頁 221。

觀本位思考，表現出外來者觀看臺灣的新奇感受，其功用主要在蒐集臺地風物殊俗，為御史巡行采風之紀錄。

張湄巡臺詩作，時時可見身為遊子的思鄉客寓之情，以及擔任御史的巡行紀錄之責，兩樣情愫矛盾的交織、並存其間。遠赴海外孤島就任，詩人深感「孤踪萬里水周遭」[註20]，時有「絕徼山川去國身」的棄逐悲涼之感，對於孤懸海外的臺灣，他僅視作偶然停留的「異域」、「他鄉」，在臺 2 年，內心卻始終無法真正接受與認同，詩歌屢有客居不遇之嘆。然身為御史的使命感，張湄必須履行巡行采風的責任，多首巡行途次之作，呈現了詩人行走、觀看臺灣的軌跡與紀錄，其采風之詩，多採旁觀角度書寫，或僅呈現和平表象，或表現外來者的新奇之感，或流露出統治者的主觀想像思維，顯示出張湄為官者的視角，以及對臺灣的客寓疏離之感。

二、六十七：貴冑之眼——繡衣啣命跨鯤身

六十七於乾隆 8 年（1743）奉命巡臺，12 月 22 日自北京啟程，隔年 3 月 25 日抵臺任事，至乾隆 12 年（1747）年 3 月因事革職，共計在臺 3 年。六十七為滿族官員，奉派來臺，職責不若漢籍御史繁雜，其巡臺詩歌，多有仰懷君恩、德化百姓之心，並帶有貴族出巡的悠然氣韻；其題畫酬答詩作亦多，更顯出其在臺的閒逸情調。

赴臺途次，六十七或有些許離愁，然其心境大抵是輕快、愉悅而充滿抱負的。如〈富陽道中〉：

　　拍天觸石怒濤鳴，懸瀑奔流萬壑聲。

　　好借一帆風信急，畫船飛過富陽城。[註21]

旅宦途中，行過浙江富陽，江水怒濤洶湧，拍岸驚天，景色壯麗，詩人乘著風信，張起快帆，江上小舟迅捷如飛，輕快的畫過了富陽城。詩歌描寫水急舟捷的迅速，也顯出詩人旅途心境的輕快。又如〈曉發桃源道中口占〉：

　　連朝不斷雨絲絲，雲鎖前村老樹枝。

　　水浸征衣身易冷，泥深古道馬難馳。

　　江南已慰三農望，山左應無一路饑。

〔註20〕〔清〕張湄：〈海濱〉，見《柳漁詩鈔》卷 7，頁 366；亦收入《全臺詩》第 2 冊，頁 160。

〔註21〕〔清〕六十七：《使署閒情》，卷 2，詩 2，頁 58；亦收入《全臺詩》第 2 冊，頁 252。

但願居民歌大有，何妨行客暫遲遲。〔註22〕

詩人路途遇雨，雲鎖蒼穹，天昏地暗。雨勢連綿不絕，道路泥濘難行，雨水沁濕衣裳，寒涼沁體，更增路途之艱難。然詩人反而喜見天降雨露，潤澤農田，思及此雨能使農民豐收，民間無饑，心下便覺歡慰，即使征途難行，也不以為苦了。可見六十七心懷仁德，關懷百姓之官心。

巡臺期間之詩，氣韻悠然，充滿德化百姓、廣施君恩的御史之心，如〈北行雜詠〉九首之三：

傀儡堆雲連碧落，崚嶒嗷日帶寒煙。

微聞香氣來糖廊，屢見青蔥度蔗田。

翠竹叢中村犬吠，白沙池上水牛眠。

三年海國巡民社，可是皇仁已遍宣。〔註23〕

詩人巡行臺灣北路，時近日暮，途經糖廊，見蔗田青綠，空氣中微微飄散著蔗糖的甜香。百姓屋舍旁翠竹叢生，偶聽得村犬吠聲，白沙池畔，力作歸來的水牛正入好夢，村景一片寧靜祥和。臺灣能有如此平穩安定的局面，除了御史三年來勤加巡行，想來也是君主恩澤已遍布此地的緣故吧！詩末道出自己對君王所賦重任盡心盡力，表現詩人對帝國的效忠，也對帝國權力遠布海疆，統治穩固而感到欣喜。又如〈乙丑（1745）立春得春字〉二首之二：

葭管灰旋萬象新，東風吹徹海天春。

會須遍播陽和意，島嶼民皆擊壤民。〔註24〕

乙丑新年，臺灣春意融融，氣象萬新，局勢安穩。新的一年，詩人發願要「遍播陽和意」，廣施帝恩，勤行教化，使邊疆海島的百姓皆沐恩澤，能作如帝堯之世，天下太平的擊壤之民。表現出詩人德化百姓、廣施君恩的為官抱負。

六十七感臺灣風土奇異，「信書畢竟不如無，目擊身經事事殊」〔註25〕，有記俗寫物之詩，如〈即事偶成二律〉二首之二：

飽啖檳榔未是貧，無分妍醜盡朱唇。

頗嫌水族名新婦，卻愛山蕉號美人。

〔註22〕〔清〕六十七：《使署閒情》，卷2，詩2，頁57；亦收入《全臺詩》第2冊，頁250～251。

〔註23〕〔清〕六十七：〈北行雜詠〉九首之三，見《使署閒情》，卷2，詩2，頁65；亦收入《全臺詩》第2冊，頁245。

〔註24〕《使署閒情》詩題作〈乙丑立春〉，同上註，頁60；同上註，頁240。

〔註25〕〔清〕六十七：〈即事〉二首之二，同上註，頁63；同上註，頁244。

　　劇演南腔聲調澀，星移北斗女牛真。

　　生憎負販猶羅綺，何術民風使大淳。〔註26〕

詩歌記述臺灣風土特產，如臺人喜食檳榔，食用後口如胭脂，「無分妍醜盡朱唇」。「新婦」指新婦啼，魚名，狀本鮮肥，熟則拳縮，意取「新婦未諳，恐被姑責」〔註27〕；「美人」則指美人蕉，花名，花似蕉而小，有紅、黃二種，黃者尤芳鮮可愛，四時不絕〔註28〕；皆為臺地物產。「南腔」則指臺灣戲劇腔音「下南腔」。閩以漳泉二郡為下南，下南腔亦閩中聲律之一種。〔註29〕《海東札記》云其「發聲詰屈不可解」〔註30〕，故詩人言其「聲調澀」。「星移北斗女牛真」則指臺灣之星野。星野之說，出自周官，以星土辨九州之地，所分封域，皆有分星，以觀妖祥。〔註31〕簡言之，便是以星象來記錄此地在國家疆域的地理位置。然臺灣自破荒以來，不載版圖、不登太史，星野無考，因臺為閩屬，星野即從閩，福建，「禹貢」揚州之域；天文，牛、女分野。〔註32〕因此詩人詩句註曰：「臺分野牛女」，說明臺灣在九州疆域的位置。「生憎負販猶羅綺」則描述臺民尚奢之風，負販走卒，皆喜衣綺羅，競麗奢華。見此情景，詩人自問「何術民風使大淳」，臺郡百姓僅是區區農民，卻性喜奢華，自己身為御史，負有教化百姓，端正民風的責任，有什麼方法，能夠使臺灣百姓恢復淳厚樸實的民風呢？全詩紀錄了臺灣的奇異風俗與特殊物產，詩末則表現出詩人為官者的思考與視野，也指出了臺灣社會的弊病：升斗小民競尚奢華，無益於社會風氣，更可能危害帝國封建統治的平穩安定，作為御史的帝國中心思考，不言自明。而寫物詩如〈蜥蜴〉：

　　雨頭埋後終無恙，四腳何妨暴日頻。

　　盛世已除殘酷吏，不須惆悵捕蛇人。〔註33〕

蜥蜴，俗稱四腳蛇，「四足各有爪，長尺餘；黑脊，左右皆黃絲繞之。能浮水。口毒而不螫人；若捕急，則嚙人立斃。每當雨多、露濃之後，橫路暴日，故

〔註26〕〔清〕六十七：〈即事〉二首之二，見《使署閒情》，卷2，詩2，頁63；亦收入《全臺詩》第2冊，頁241。
〔註27〕〔清〕范咸：《重修臺灣府志》，卷18〈物產二〉，〈附考〉，頁533。
〔註28〕同上註，〈草木〉，頁500、505。
〔註29〕〔清〕郁永河：《裨海記遊》，卷上，頁15。
〔註30〕〔清〕朱景英：《海東札記》，卷3，〈記氣習〉，臺灣文獻叢刊第19種，頁29。
〔註31〕〔清〕謝金鑾撰：《續修臺灣縣志》卷1，〈地志〉，〈星野〉，頁5。
〔註32〕〔清〕劉良璧撰：《重修福建臺灣府志》，卷1，〈星野〉，頁37。
〔註33〕見《全臺詩》第2冊，頁249。

一名塗釘」〔註34〕。《重修臺灣府志》引《說文》云：「在草曰蜥蜴、在壁曰
蝘蜓」，可知兩者之異。詩人題詠蜥蜴，卻並未寫其外觀特色，而是藉孫叔敖
埋兩頭蛇之典故，喻當今之盛世，說明在聖君的統治之下，臺灣酷吏除卻，
穩定太平，百姓安樂，表現出詩人對帝國權力的信任與歌頌。

　　六十七的題畫酬答詩作亦多，顯出其在臺之閒逸情調，酬答詩如〈十月
二十三日莊副使相邀賞菊次范侍御韻〉：

> 雅集澄臺最上頭，小春忽睹萬枝秋。
> 滿叢佳色含朱檻，盈把繁英計酒籌。
> 香滿更宜邀客賞，露濃不用替花愁。
> 飲中膡有陶家味，爭忍樽前早罷休。〔註35〕

暮春時分，一眾官員文士雅集澄臺，飲酒賦詩，眺賞佳景。臺灣氣候溫暖，
即使秋意漸濃，仍繁英似錦，佳色滿叢。澄臺之上，芳醇的酒香與濃郁的花
香交織出一片歡愉，眾人飲酒行令，把盞言歡，其中可說有陶潛率性任真的
名士風範。只是淵明飲酒，乃處亂世，不得已而退隱自娛，而此間官員文士
飲酒，卻是快意馳騁，熱烈飛揚。然此賞景飲酒之時，詩人仍不忘自身職責，
時當盛世，又蒙君主起用，派任巡臺，自不若淵明借酒澆愁，飲酒避世，反
而深自勸誡，切勿為了飲酒而延誤政事，雖想快意的飲酒行令，但身負重任，
也只能「爭忍樽前早罷休」，壓抑大肆享樂的心情，淺酌即止，賞景遊樂仍不
忘君王所託，表現出六十七的認真自律，及重視御史職責的為官之心。又如
〈題張司馬七夕乘槎圖〉二首其二：

> 海國茫茫水拍天，靈槎安穩御風煙；
> 君家慣犯支機石，好挽銀河潤野田。〔註36〕

詩人應畫題「七夕乘槎」之意象，借題發揮：臺灣偏處海疆，海天茫茫，然
海中「靈槎」仍能巧妙的駕御風向，安穩航行其間；而「支機石」為傳說中
織女用來支撐織布機的石頭，詩人則引申為撐起帝國統治的支柱，由於君主
聖澤廣被，治理得宜，銀河天水也能引而滋潤邊疆野田。雖為題畫之詩，詩
人仍不忘歌頌君王天威遠攝，對臺灣的海疆無波讚揚一番。

〔註34〕〔清〕范咸：《重修臺灣府志》，卷18〈物產二〉，〈蟲魚〉，頁530。
〔註35〕〔清〕六十七：《使署閒情》，卷2，詩2，頁62；亦收入《全臺詩》第2冊，
　　　　頁241～242。
〔註36〕〔清〕六十七：《使署閒情》，卷2，詩2，頁63；亦收入《全臺詩》第2冊，
　　　　頁243。

六十七又有〈弔五妃墓〉一詩。乾隆 11 年（1748），六十七與漢籍御史范咸感五妃之貞烈，命海防同知方邦基修其墳塚，立碑、建廟祭祀，並作詩文以記，墓碑立於南門外，曰「五妃墓道」，六、范兩巡院「弔五妃墓」詩刻於其下，副使莊年亦有跋文。〔註 37〕五妃雖為明朝殉節，然其英烈仍是在臺文人時常歌詠的主題之一，此應與康熙 39 年清聖祖詔諭鄭成功係明室遺臣，並褒揚其歷史地位有關。觀六十七、范咸等修纂之《重修臺灣府志》，多有對明鄭及其時遺老史事之記載，可見當時明鄭人物在官方文書之中，已不似以往那般諱莫如深。〔註 38〕而官方加意讚揚的，是這些前朝人物的忠義節烈，六十七等巡吏，為其立碑修祠，以詩記之，其詩云：「有明歲晚多節義，樵夫漁父甘遭烹。島嶼最後昭英烈，頑廉懦立蠻婦貞。田橫從死五百皆壯士，吁嗟乎。五妃巾幗真堪旌」〔註 39〕，除了褒揚忠烈，端肅民風，也有秉承君王原意，藉追頌前朝人物，以收懷柔統治之效，而詩刻於碑，也是自我政績的紀錄。

六十七巡臺詩作，不論是巡行途次所見所感，亦或是采風紀錄、詠物之詩，時時有廣施帝澤，德化邊疆的使命感，以及對清廷在臺穩固統治的讚揚與歌頌，帝國中心思想濃厚，較無出使異地、思鄉懷歸的感傷。其仰懷君恩之思，並非刻意歌頌造作，而是自然的流露在他的詩作當中，應與其滿州貴胄的身分有關。六十七為滿籍御史，來自統治帝國的核心族群，其思想與視角，較之漢籍御史，更能貼切的代表帝國。六十七的詩歌，官樣氣息十分濃厚，他書寫臺灣，從代天巡察的主觀視角出發，考察民間情況，紀錄殊風異俗，指出臺灣社會競尚奢華、鋪張浪費等弊病，身為御史，理應有責記錄臺郡情形，匡正臺地民風，並能充分體察朝廷之意，在臺推行懷柔德化政策，充分流露其身為貴胄、官員的視野與思考。其詩亦多呈現清帝國統治之下的臺灣，局勢平穩安定，百姓安居樂業，原住民和順歸化，是由於朝廷教化有方，治理得宜，對君王權力遠達海疆，感到欣喜，而六十七與官員文士間多有酬答、題畫之作，其遊樂之時亦不忘御史本分，並歌頌君王天威，讚揚海疆無波，對帝國的信任與榮耀不言自明，時時於詩作中提及，展現出滿籍御史的族群優越感。

〔註37〕見〔清〕范咸：《重修臺灣府志》，卷 19〈雜記〉，〈墳墓〉，「五妃墓」條，頁 550。

〔註38〕見陳捷先：〈論清代臺灣地區方志的義例〉，頁 190～191。

〔註39〕〔清〕六十七：〈弔五妃墓〉，見《全臺詩》第 2 冊，頁 247。

三、錢琦：冒險者之眼——茲遊之奇平生冠

錢琦巡臺，自言「癖性耽奇險」〔註40〕、「夙抱遊癖，意興豪龘」〔註41〕，以東坡詩「茲遊奇絕冠平生」〔註42〕自比，將巡臺之行視作「君恩賜與奇遊便」〔註43〕、「行將海上覓蓬島」〔註44〕，看似眼界開闊，意氣飛揚，然所引東坡詩，作於其被貶謫海南之時，錢琦以此自況，詩人欲以豁達心境，排遣前往偏遠異域任官的愁悶，不言自明。來臺途次，多歌行長詩，氣勢磅礴，浪漫奇絕，〈前渡海〉〔註45〕一詩堪為代表：

> 媧皇斷鼇足，元氣浅混茫。散作長波潴湍杳，不知其幾千萬里，蕩搖星日〔註46〕天為盲。倏忽〔註47〕颶母胎長長鯨怒，星眸電齒雲車雷鼓風輪森開張。霾〔註48〕沙飛揚陰〔註49〕鬼哭，往往白晝慘冽如幽荒。往時讀海賦，猶疑近荒唐。竭來鷺門一悵望，大叫絕奇狂夫狂。……〔註50〕

詩人由女媧斷鼇足，立天地四極寫起，敘述邊境海域「長波潴滔」、「蕩搖星日」，極言海洋波濤之搖蕩洶湧；更有星眸電齒之「颶母」，駕雲車風輪，雷鼓震響，森然而來，一時之間，霾沙蔽天，陰鬼哭號，白晝慘冽有如黑夜，極盡想像的描述海象惡劣，風雷肆虐的陰森可怖，勾畫出一個遠古洪荒的獨立絕域。此段或帶有詩人浪漫的主觀想像，但凶險海域、洪荒異界，正是詩人來臺之前，對臺灣這個邊疆海島的既定印象。錢琦來臺任職，雖有貶謫異域之感，然畢竟身為御史，不忘其巡臺使命：

> ……臺陽一番島，宛在水中央。古稱毘舍耶（見文獻通考），或云婆娑

〔註40〕〔清〕錢琦：〈灘河雜詩〉六首之三，見《澄碧齋詩鈔》，卷7，頁319。
〔註41〕〔清〕錢琦：〈晚從安平渡海回署〉：「我夙抱遊癖，意興頗豪龘」，見《澄碧齋詩鈔》，卷7，頁323；《全臺詩》詩題作〈晚從安平渡海歸署〉：「我夙抱遊癖，而為緇塵污」，見《全臺詩》第2冊，頁323。
〔註42〕蘇軾：〈六月二十日夜渡海〉，見《澄碧齋詩鈔》，卷7，縱遊草上小序，頁316。
〔註43〕〔清〕錢琦：〈峽口〉，同上註，頁317。
〔註44〕〔清〕錢琦：〈仙霞嶺〉，同上註，頁318。
〔註45〕同上註，頁321～322；《全臺詩》詩題作〈泛海〉，見《全臺詩》第2冊，頁325～326。
〔註46〕《全臺詩》作「大地」。
〔註47〕《全臺詩》作「有時」。
〔註48〕《全臺詩》作「塵」。
〔註49〕《全臺詩》作「人」。
〔註50〕《澄碧齋詩鈔》，卷7，頁321；亦收入《全臺詩》，頁325。

洋（見名山藏）。自從歸入版圖後，穿胃〔註51〕僬耳咸循良。我來銜
命持羽節，要將帝德勤宣揚。兼恐奇才遺海外，採搜一一輝璇廊
〔註52〕（巡按例兼學政）。……茲遊之奇平生冠，東坡快事吾能償。……
收篷暫寄泊，呼童滿引觴。爾雅頹然不知身與世，恍忽栩栩瞬息歷
九州遍八極，徜徉於無何有之鄉。〔註53〕

「宛在水中央」、「毘舍耶」、「婆娑洋」，都點出臺灣遠離中土，孤懸海外的特
殊地理位置，再次強調其邊疆異域的特質。此地自歸聖朝版圖，島上「穿胸
僬耳」的原住民咸服教化，純良順從，如今自己奉使巡臺，亦要勤加宣揚聖
朝恩澤，廣施德化，更言兼理提督學政，將透過主持科考，為君王蒐羅海外
人才，效命朝廷，顯示詩人「普天之下莫非王土」的帝國中心視野，亦表達
了詩人對帝國的效忠之心，君王賦予之職，宣示必將盡心盡力，不負所托。
詩人云此一旅程「茲遊之奇平生冠，東坡快事吾能償」，遠赴邊地任官，景色
之奇，眼界之大，令人始料未及，其間的貶謫不遇之慨，只能以奇遊快事來
自我排遣了。歷經長期的航程與黑水溝的驚險，終於安全抵達澎湖，船隻暫
泊於此，離臺灣已經不遠。來到純樸小漁村，四顧大海茫茫，身處陌生的邊
疆異域，引酒滿觴，恍如夢境，想起先前的驚險航程，彷彿一瞬間歷遍九州
八極，生死邊緣。現下既然已經來到「方丈咫尺塵隔斷」的蓬萊仙境，就安
然泰處，盡情徜徉此一無何有之鄉。詩人雖懷抱唷嘆至邊域赴任，然其心性
開闊，能自遣憂悶，有既來之則安之的豁達。詩歌以「蓬萊」、「無何有之鄉」
描述此域，顯示臺澎民情的天真純樸，亦再次強調臺灣遠離中土，地處邊疆
的區域位置，加深了中土與臺灣的區隔。

　　御史巡臺，巡行視察，曉諭百姓，是其主要任務，錢琦有〈鳳山縣〉一
詩：

……地僻風逾古，時和俗自康。家家茅蓋屋，社社穀盈倉。士義
懷忠里，僧閒彌勒莊。新園集午市，淡水下斜陽。冬暖黃瓜熟（長
至前後，黃瓜出市），秋涼紅腳香（縣出香稻名紅腳）。蔗原如霧暗（地多種
蔗），竹徑似屏張（地多產竹，居人栽以代牆）。花木隨時秀，蟲魚按譜詳。
塵都消劫火，斗漸煥文芒。野有耽奇士，番多掣筆郎（番童應試有成

〔註51〕　《全臺詩》作「胸」。
〔註52〕　《全臺詩》作「一一搜採貢明堂」。
〔註53〕　《全臺詩》第 2 冊，頁 325～326。按：此詩小注來自《澄碧齋詩鈔》，《全臺
　　　　　詩》無注。

章者）。科名隆泮璧（臺郡文風，鳳山為冠，每科鄉薦不絕），役吏解文章
（役吏與試者甚多）。落紙張顛草，嘔心李賀囊（里人多有工詩善畫者）。
山川增麗色，天地拓窮鄉。靡及騀騀意，巡行草草裝。兒童迎竹
馬，父老獻壺漿。自愧無邠雨，空勞憩召棠。採風聊紀略，歸以報
君王。〔註54〕

詩人巡視臺灣南路，行至鳳山縣（今高雄左營），形容此地民風淳樸，百姓安
居足食：家家有茅蓋屋，栽竹以為牆；作物按四時而出，冬季有黃瓜，秋季
則有稻米紅腳香，還有一望無際，有如霧暗的甘蔗田；氣候溫暖，花木四時
皆秀，蟲魚鳥獸種類亦繁，說明臺灣富庶、豐收，太平康樂的景象。由於社
會安定，加上長期的書塾、漢化教育，「斗漸煥文芒」，臺灣百姓不論漢番，
漸習文教，多有能詩文、工書畫者，子弟題榜登科者眾，文風鼎盛，為臺郡
之冠，為此一偏壤增色不少，顯示清廷歷年教化有成。詩人風塵僕僕，行至
此地，「兒童迎竹馬，父老獻壺漿」，面對百姓的熱情歡迎，詩人自認匆匆到
此，無甚政績，實有愧鄉親父老，僅能「採風聊紀略」，克盡御史之職，采風
問俗，將臺郡情形歸報君主，期能有助於治理，也算是為朝廷百姓盡一己心
力。此詩將臺灣描寫為淳樸、富庶、安樂的上古仙境，而這群化外之民，長
期接受朝廷的恩澤教化，如今文風漸成，開拓窮鄉，頗增麗色，詩人身為御
史，對鳳山縣的醇厚文風，樂見其成，並思聊加紀略，上報君主，充分顯出
他的帝國中心視角。錢琦另有詩云：「自言沾帝澤，身世樂羲皇」〔註55〕，將
新港原住民的安居樂業，及逐漸漢化的生活，都歸功於帝王的恩澤，亦是此
種視角的展現。

不過，錢琦的巡行勸農之詩，相較於其他御史，並非全都呈現古樸太平
的表象，觀〈東郊勸農〉五首其四：

爾農不古處，習敝好鬭訟。訟則必終凶，勝亦安可用。

良田既失時，朝餔行乏供。剜肉思醫瘡，毋乃自貽痛。

水平波不興，馬發勢難控。爾農味官言，官言微有中。〔註56〕

臺人唯一不古之處，是「好鬭訟」。《平臺紀略》有云：「臺俗好動公呈，……
皆因以為利，非義舉也。每有爭訟，動輒盈庭……」〔註57〕《東瀛識略》亦載，

〔註54〕〔清〕錢琦：〈鳳山縣〉，見《澄碧齋詩鈔》，卷7，頁325。
〔註55〕〔清〕錢琦：〈新港番社〉，同上註，卷8，頁332。
〔註56〕〔清〕錢琦：〈東郊勸農〉五首其四，見《澄碧齋詩鈔》，卷8，頁329。
〔註57〕見〈與吳觀察論治臺灣事宜書〉，收入〔清〕藍鼎元：《平臺紀略》，頁49。

臺人「鬩牆訐訟，頻年不已。」〔註58〕《臺游日記》亦有「健訟樂鬪」〔註59〕
的形容。臺郡多移民，來到新天地討生活，有閩粵、漳泉等籍貫、族群不同
的人，並有游離、罪犯等，聚集此島，為了彼此利益，紛爭叢生。此詩曉諭
百姓，興訟勞師動眾，有如剜肉醫瘡，徒使自身劇痛，卻無法根除病症。勸
導他們，彼此應多加包容忍讓，畢竟「水平波不興，馬發勢難控」，雙方各讓
一步，紛爭或許就能化解，為了小事興訟，反而荒廢耕田播種的良時，使自
己衣食有匱乏之虞，即使勝訴，也是徒增勞煩，並無益處。詩人勸語殷殷，
點出了臺灣社會的弊病。

　　錢琦巡臺期間，多有寫景詠物之作，記錄臺灣風物、美景。其〈臺陽八
景〉組詩，歌詠臺郡麗景，間有情懷之抒發，如〈鯽潭霽月〉：

　　　　宿雨初收夜氣妍，秋潭秋月兩澄鮮〔註60〕。
　　　　浮來璧彩壺中玉，湧出金波浪裏天〔註61〕。
　　　　鮫女靜開霜匣照，驪龍冷抱寶珠眠。
　　　　冰心徹底誰憐取，留得清光在海邊。〔註62〕

鯽潭在小東門外，廣袤三十餘里，溉田甚多，望之若湖，中產鯽魚，故名。
潭魚極肥，鄭氏取以供膳，其後有司祈雨於此，又名龍潭。〔註63〕縣志以「鯽
潭霽月」為臺郡八景之一，文人墨客多有題詠。〔註64〕連綿的秋雨初歇，連
日淫雨，洗得潭、月一片鮮妍。滿月映於鯽潭之中，如壺中美玉，璧影浮動；
月光隨潭水波湧，破浪之光，流彩熔金。秋夜寒涼，清冷的月色，彷彿鮫女
霜匣洩出的流光；映在潭中的月亮，猶如驪龍湖底的寶珠。詩中極言鯽潭月
夜之清、冷、美、靜，然而，這片寧靜清冽的月色，又有誰能夠欣賞呢？詩
末託言心跡：「冰心徹底誰憐取，留得清光在海邊。」詩人一片冰心，欲展才
能抱負，怎奈何君王不明此心，不能憐惜、欣賞這片清光，徒留美景在偏僻

〔註58〕見〔清〕丁紹儀：《東瀛識略》，卷3，〈習尚〉，頁32。
〔註59〕見〔清〕蔣師轍：《臺游日記》卷2，臺灣文獻叢刊第6種（臺北市：臺灣銀
　　　　行經濟研究室，1957年），頁60。
〔註60〕《全臺詩》作「空靈色相妙難詮」。
〔註61〕《全臺詩》作「澄來止水壺中月，洗淨浮雲水底天」。
〔註62〕〔清〕錢琦：〈鯽潭霽月〉，見《澄碧齋詩鈔》，卷7，頁325；亦收入《全臺
　　　　詩》，頁321。
〔註63〕參見連橫：《雅堂文集》卷2，〈鯽潭〉，頁199；連橫：《臺灣詩乘》，卷2，頁
　　　　76～77。
〔註64〕見〔清〕王必昌：《重修臺灣縣志》卷1〈疆域志〉，〈形勝〉，頁27。

海疆，寄寓了詩人不得君主賦任要職，鬱鬱不得志的心境。又有〈晚從安平渡海歸署〉一詩：

> 平堤散〔註65〕夕景，烟昏樹模糊〔註66〕。公餘〔註67〕晚喚渡，一葉如飛鳧。正值風色好，渡海如渡湖。千丈澄素練，十幅挂〔註68〕輕蒲。沙鯤紅〔註69〕漁火，點點依菰蘆〔註70〕。上亂星斗宿，下〔註71〕射蛟〔註72〕鼉居。水氣摩盪之，散作千驪珠。橫空一鉤〔註73〕月，墮入崑崙渠〔註74〕。似欲釣六鼇〔註75〕，驚起〔註76〕小鱗鱬。須臾近彼岸，潮退泥沙淤。滄海幻桑田，輾轆駕牛車。更殘〔註77〕夜氣靜，萬籟歸虛無。栩栩不自覺，恍惚凌仙壺。歸來猶認夢，好景〔註78〕誰繪圖。我夙抱遊癖，意興頗豪麤〔註79〕。翻身六合外，乃得縱所如。因悟天地大，到處皆蘧廬。（心清境自適，底用戀鄉閭。）
>
> 〔註80〕嗤彼井中蛙，局局徒拘墟。〔註81〕

此詩描寫傍晚渡安平內海所見之景，黃昏時分，詩人出巡歸來，欲渡內海返回官署。其時海面平靜，風向正好，舟行快速而平穩，如渡大湖。詩中渡海前後的天色轉換，不過是須臾間事，詩人由「平堤散夕景」的日落時刻，寫至「更殘夜氣靜」之深夜時分，鮮活的勾勒出夕陽－傍晚－夜晚，轉瞬間必觀之景。日落時分，可見「千丈澄素練」：從船上遠眺，白色浪花拍打著綿長的海岸線，猶如一條千丈素練，掛著蒲草輕帆的漁船，三三兩兩散在海面上；

〔註65〕《全臺詩》作「含」。
〔註66〕《全臺詩》作「煙樹半模糊」。
〔註67〕《全臺詩》作「乘興」。
〔註68〕《全臺詩》作「掛」。
〔註69〕《全臺詩》作「明」。
〔註70〕《全臺詩》作「紅影透菰蘆」。
〔註71〕《全臺詩》作「紛」。
〔註72〕《全臺詩》作「黿」。
〔註73〕《全臺詩》作「鉤」。
〔註74〕《全臺詩》作「毹」。
〔註75〕《全臺詩》作「鼇」。
〔註76〕《全臺詩》作「走」。
〔註77〕《全臺詩》作「爾時」。
〔註78〕《全臺詩》作「手」。
〔註79〕《全臺詩》作「而為緇塵污」。
〔註80〕《澄碧齋詩鈔》缺此句。
〔註81〕〔清〕錢琦：〈晚從安平渡海歸署〉，見《澄碧齋詩鈔》，卷7，頁322～323；亦收入《全臺詩》第2冊，頁323。

傍晚時分，則見「沙鯤紅漁火」：天色將暗，沙洲上燃起了漁火，點點的紅色
火光，依著海濱的草蘆閃動著，明亮得幾乎混亂了天上星宿的光芒，甚至
能夠直射海底蛟、鼉之居所。傍晚海濱水氣氤氳，海面水波搖盪，點點火
光映在海面，散作萬千珍珠，煞是奇景；而夜晚之時，只見「橫空一鈎月」：
天色已暗，新月當空，如鈎彎月彷彿欲釣於海中，驚起小魚。詩人於舟上
飽覽佳景，不覺須臾之間，已至彼岸，其時潮水已退，現出泥沙淤積的海
岸，方才舟上所見奇景，滄海桑田，恍若幻夢一場。乘坐牛車踏上歸途，已
是深夜，萬籟俱寂，思渡海所見美景，實恍惚夢覺，栩栩如臨仙境。詩人自
言素有探奇旅遊之癖，此次因緣際會，來到六合之外，水天遼闊的仙境海島，
方才知曉天地之大，並體悟「心清境自適」之理，來臺任官，雖去國萬里，
鄉關無限，然海島天地開闊，佳景如畫，異於中土，恍如仙境，多有可喜之
處，正是「乃於瀛海外，好景恣搜討。所得償所失，自計頗不少」〔註82〕，
如若快意自適，隨遇而安，則何處不是蓬廬？何地不能為家？得與失又豈能
遽下論斷呢？悟得此理，詩人反而要嘲笑那些徒然自拘，畫地而限的井中之
蛙了。

　　錢琦詠物之作亦多，其間偶含情韻，如〈黃梨〉一詩：

> 色偕吳柑色，珍仝大谷珍。葉長盤鳳尾（葉自頂出，森如鳳尾，故一名鳳
> 梨），身老繡龍鱗（皮斑駁如鱗甲）。習氣寒酸在，幽香冷煖勻。平生嗜
> 好別，淡味略相親。〔註83〕

黃梨外觀斑駁若鱗甲，如繡龍鱗，頂部葉長如鳳尾，故亦有鳳梨之稱。張湄
有同題之詩，同為黃梨，他卻認為「何似中原大谷珍」〔註84〕，異地水果，
遠不比中原珍味，張湄思鄉情切，對異地「習氣寒酸」的黃梨無甚好感，流
露出家國之思；錢琦則能平心品嘗，評其「淡味略相親」，味性寒酸，雖稱不
上美味，但果實幽香，細細嚐之，倒是別有一番滋味，顯出其自適之情。

　　除了按例巡視，在臺任官，官務並不繁忙，大抵是悠閒而寂寞的。錢琦
公餘之詩，可見其有志難伸，或抒懷感嘆，或自得其樂。錢琦詩作雖屢有不
遇之嘆，然其胸襟開闊，多能正面思考，排遣不快心境。〈暮春雜詠〉四首組
詩，可見其心緒變化，由傷感轉而豁達。如組詩其一：

〔註82〕〔清〕錢琦：〈龍湖島〉，見《澄碧齋詩鈔》，卷8，頁332；亦收入《全臺詩》
　　　　第2冊，頁328。
〔註83〕〔清〕錢琦：《澄碧齋詩鈔》，卷8，頁327。
〔註84〕張湄：〈黃梨〉，見《全臺詩》第2冊，頁177。

衙齋斜傍海門開，老去韶光挽不回。

萬里客情隨草長，五更鄉夢逐潮來。

匡時愧乏芻蕘策，利濟誰為舟楫材。

獨倚孤亭閒悵望，夕陽滿地覆蒼苔。〔註85〕

出巡海島，韶華飛逝，離鄉萬里，客情鄉思如草長，總在午夜夢迴之時，海潮般湧上心頭。海島上的時間，看似過得飛快，卻也漫長難耐。漫漫長日，詩人官務閒散，自謙沒有治國安民的良策，雖有利濟之心，舟楫之材，卻不得君王留京重用。其實，詩人豈無芻蕘之策？只是奉旨巡視偏遠海疆，遠離帝國權力中心，使詩人感覺不得賞識，加之臺灣事務似乎無法讓詩人盡情發揮才華，種種情感，與濃厚的鄉思客情，交織成複雜、哀傷的情緒，說明了詩人海疆任職，鄉情綿長，有志難伸的慨歎。然錢琦並未沉浸在傷感哀愁的心緒之中，見組詩四首其四：

異域翻成自在天，訟庭草長暖生烟。

開簾引月評花譜，就石烹茶汲井泉。

到處有禾兼有麥（臺陽四月，禾麥齊登），是官非佛亦非仙。

他時好倩添毫手，畫我山邊與海邊。〔註86〕

臺灣雖為邊疆異域，然四季如春，繁花似錦，景色優美，物產豐盛，詩人在此自成天地，閒時評花賞景，烹茶飲泉，或手繪佳景，好不自在，似佛似仙。錢琦於大嘆不遇之時，仍能遊賞佳景，自暢其懷，體悟生活樂趣，足見其性情之開闊豁達。

錢琦巡臺詩作，時時流露不能成利濟、不得志之慨嘆，其巡臺際遇，與遭貶海南的東坡相似，其在臺有讀東坡詩戲作〔註87〕，並引東坡渡海詩，自云「茲遊之奇平生冠」〔註88〕，把來臺任官的特殊經歷，視為「奇遊」，將臺澎諸海島視為六合之外的洪荒仙境，切割臺郡與中原的空間，詩人遊於其間，恍惚夢覺，似幻似真，除了極力突顯臺灣為迥異於中土的異域，其實也意在

〔註85〕〔清〕錢琦：〈暮春雜詠〉四首之一，見《澄碧齋詩鈔》，卷7，頁323。

〔註86〕〔清〕錢琦：〈春暮雜詠〉四首之四，見《澄碧齋詩鈔》，卷7，頁324。

〔註87〕如〈連日風雨，讀東坡「先生不出晴無用，留向空堦滴夜長」之句，戲成二首〉，見《澄碧齋詩鈔》，卷8，頁330。〈偶讀東坡「白髮相望兩故人」、「吾儕相對復三人」之句，適嵩霞書至，因成二律奉寄並束顯齋〉，見《澄碧齋詩鈔》，卷8，頁329～330。

〔註88〕〔清〕錢琦：〈前渡海〉，見《澄碧齋詩鈔》，卷7，頁321；亦收入《全臺詩》，頁326。

說服自己：此行就當是君王賜予之奇遊，既來之，則安之。錢琦雖自云「不敢仰企」〔註89〕，卻頗有以東坡自況之意。其巡臺詩歌，記臺灣風土景致，多寫景詠物，有采風問俗之思；巡行詩有御史抱負，能關心民瘼，曉民勸農；幾無酬答作品，多有與中原故友魚雁往返之作〔註90〕。錢琦不自限於憂思，超然自適，使其更能體驗異域風土，《澄碧齋詩鈔》朱仕琇序，及吳顥《杭郡詩輯》皆評其「海外諸詩，尤為雄偉」，說明他的眼界開闊，詩作不流於俗，題材及視角均精彩而多樣。

第二節　巡臺御史詩歌的獨特性

綜觀上述三位巡臺御史的詩歌，可察知御史詩作的獨特性，相同的題材、視角、情緒等，出現在不同的御史作品之中。此節探討巡臺御史詩歌的常駐模式，並推論此種模式背後的動機及原因，最後歸結出巡臺御史詩歌的獨特性。以下分為承平閒逸的情調、書寫空間的移動、觀風訓俗的使命三方面加以討論。

一、承平閒逸的情調

巡臺御史為中央直接派遣的監察官員，代天巡狩，權力不小，朝廷強調「一切事務」均須戮力實察，「一切信息」皆須據實回報，可推知巡臺御史的職責頗為繁重，然範疇卻廣泛而籠統，並無明確的專責職務。〔註91〕御史巡臺辦理之務，以巡行南北二路、訪察番社、兼理學政，倡行文教禮俗等，最常反映於詩歌創作之中。由詩歌可以發現，巡臺御史的實際作為，似乎與朝廷所賦予的任務、期待之目的有所落差。張湄與六十七有多首官員之間的酬唱、題畫、遊戲之作，流露出穩定盛世的承平氣象，顯示其官務不甚繁忙，故而有吟風弄月的閒情雅致。六十七有「我今無事飲千鍾，醉鄉王績聊相從」〔註92〕

〔註89〕〔清〕錢琦：《澄碧齋詩鈔》，卷7小序，頁316。

〔註90〕如〈偶讀東坡「白髮相望兩故人」、「吾儕相對復三人」之句，適崧霞書至，因成二律奉寄並東顥齋〉，見《澄碧齋詩鈔》，卷8，頁329～330。

〔註91〕筆者根據前人研究，歸納出歷任巡臺御史的主要職務：（一）實力查察，彈劾官員疏職不法。（二）據實奏聞，對現行治臺政策提出建議。（三）巡行南北二路，探訪民隱，曉諭官民，撫理番眾。（四）兼理學政，倡導文教，匡正禮俗。（五）盤點錢糧，清理訴訟。（六）校閱水陸營伍。見本論文第二章。

〔註92〕〔清〕六十七：《使署閒情》，卷2，詩2，頁61；亦收入《全臺詩》第2冊，頁240～241。

之語，表明職務的閒散；張湄雖無此類言語，然與其同任之滿御史書山曾言
「人閒公事少」〔註93〕，都顯示了巡臺御史為官的閒逸之情。巡臺御史之職，
真的如此清閒嗎？身為御史，所寫詩歌多與采風問俗，政務紀錄相關，須奉
呈君王，為何卻強調自己為官閒逸？觀錢琦〈家書來訊近狀詩以報之〉：

> 所幸民和樂，時清景物賒。有心唯飲水，無日不看花。……〔註94〕

指出當時臺灣局勢穩定昇平，訟事清簡，百姓和樂，然「有心唯飲水，無日
不看花」，有心欲有一番作為，卻只能整日看花，隱隱透露詩人有力難施的無
奈，如人飲水，冷暖自知，暗抒詩人心中苦悶，實有言外之意。巡臺御史任
期不長，至錢琦任職之時，大多僅來臺一年左右，對臺灣事務本就無法有效
督察、改善，而君王的不信任，也使御史的監察權力大幅削減，動輒得咎。
當地官員在臺日久、深知民情，為避免麻煩，若有意欺瞞，粉飾太平，詩人
也無可奈何，只能走馬看花，即使意欲有所發揮，也無事可為。其〈縱遊草〉
詩序有云：「幸時和歲稔，訟簡刑清，公視餘閒，不輟筆墨。」〔註95〕於另詩
〈即事書懷〉甚至描述自己公務實在「太過清閒」，到了「朝朝清課理蟬魚」
〔註96〕的無聊境地，都隱隱透露出詩人不能一展抱負的無奈。巡臺御史詩歌
多自言政局平穩，刑清訟簡，一方面是對清廷統治、教化遠達海疆的奉承與
讚揚，另一方面，也可能有心作為，卻無可奈何。謝崇耀曾言巡臺御史為「相
當清閒，得以夜夜笙歌的官衙」〔註97〕，這樣的定論，僅僅看見御史詩歌的
表象。與他們同時期的臺灣官員莊年，則無閒逸之情，見其〈澄臺觀海〉：

> 簿書筍束苦相纏，乘興登臺意豁然。
>
> 煙靄光中三面水，晴雲影裏四垂天。
>
> 瀰茫境界憑欄外，浩蕩滄溟落照前。
>
> 極目波濤渺無際，笑他精衛若何填。〔註98〕

莊年乾隆 8 年（1743）任分巡臺灣道，乾隆 10 年（1745）兼攝臺灣府知府，
約與張湄、六十七同時。〔註99〕此詩首句「簿書筍束苦相纏」，直接表達了官

〔註93〕書山〈衙齋秋興〉，見《全臺詩》第 2 冊，頁 221。

〔註94〕《澄碧齋詩鈔》，卷 8，頁 331。

〔註95〕同上註，卷 7，頁 316。

〔註96〕同上註，卷 8，頁 332。

〔註97〕謝崇耀：《清代臺灣宦遊文學研究》，頁 156。

〔註98〕《全臺詩》第 2 冊，頁 217。

〔註99〕見《全臺詩》第 2 冊，頁 213；〈臺灣清代官職表查詢系統〉http://140.112.30.
230/Career_tb/index.php。

務纏身之苦，工作極為繁重。臺地官員公務繁忙，巡臺御史卻官務閒散，這樣的情形，也反映出臺灣在昇平穩定的局面之後，可能隱藏了許多問題。

　　張湄、六十七、錢琦三位御史巡臺的時間跨度，約在乾隆 6 年（1741）至乾隆 17 年（1752）之間，正是臺灣局勢最為穩定之時，既無大事，御史巡察事務多依循往例執行，詩歌所錄巡臺之舉，不脫巡行勸農、巡番教化等例行事務，少有如初期巡臺御史，考察臺灣情形，自行發掘問題，並向朝廷提出實質建議之舉。他們所上奏摺，大多為稟報抵臺任事，或奏明巡臺聞見；偶對臺灣政策提出建議，也多為以往延宕至今的舊問題，如臺米輸閩，而這些問題最後也沒有真正獲得解決。御史巡臺之舉，對在臺官員形成一股監督制衡的力量，然而御史巡臺時間最長不超過三年，在臺時間短，對臺灣事務難以深悉底細，也無力有所作為，加上御史為欽命要員，在臺官吏或懾其威勢，屈意奉承，或慮自身利害，粉飾弊端，都可能令巡臺御史僅看見在臺官員刻意營造的昇平面貌。這樣的視域，使御史詩歌多呈現穩定盛世，展現出一種承平閒逸的情調。

二、書寫空間的移動

　　御史為中央監察官員，行走各方之職，時常奉旨調派出巡，錢琦詩云「長年異域居」〔註100〕，道盡了「御史」一職，不同於其他官職系統，是變動、漂泊的。御史宦遊來臺，其所處空間遭遇巨大變化，而他們按例於每年農隙之時，必須巡行南北二路，這又是另一波空間的移動。一般而言，來臺仕宦的官員，活動範圍多集中於安平內海一帶，臺灣府轄區之內，僅少數因公離郡者，才有機會體驗到府城之外的殊景風物。根據巡臺御史奏摺，北路巡察路線一般自郡城臺灣縣（今台南市南部）出發，由北路沿山一帶開始，巡察諸羅縣、彰化縣及淡水所屬之竹塹、後壠等處。御史通常先過新港溪進入諸羅縣界，再過虎尾溪入彰化縣界，最後由彰化縣過大甲溪，入淡水同知界至竹塹城。接下來自竹塹沿海地區回程，過西螺等溪，巡視海濱鹿子港、笨港、鹽水港一帶地方，查勘海口。〔註101〕而南路巡察路線同樣自郡城啟程，往南

〔註100〕〔清〕錢琦：〈家書來訊近狀詩以報之〉，見《澄碧齋詩鈔》，卷8，頁331。
〔註101〕北路巡行路線參見雍正 12 年 2 月 25 日，覺羅栢修、林天木「奏報巡視臺灣北路地方情形」摺，見國立故宮博物院編：《宮中檔雍正朝奏摺》第 22 輯，頁 641；乾隆 29 年 3 月 22 日，永慶、李宜青「奏報巡查北路事宜」摺，見《宮中檔乾隆朝奏摺》第 20 輯，頁 840；乾隆 32 年 11 月 12 日，覺羅明善、

由大湖小店仔、橋仔頭等處至鳳山縣治（今高雄市左營區），再由縣城東南過武洛、淡水諸溪，至阿猴、搭樓等番社，最後循傀儡山，由東道而北，至臺灣縣界之大傑巔羅漢門，過山回郡。〔註102〕不同於固定在郡城活動的官員，巡臺御史因其身分、職務的特殊，他們的書寫空間是移動的，如張湄〈北巡紀行〉錄其巡察所見：

> 地高風稍勁，晨發凜如秋。海氣山頭霧，番居竹裏樓。
>
> 衣冠移裸俗，耄稚並嬉遊。歲晚開村落，青畦豆葉稠。
>
> 輶軒臨北鄙，問俗首諸羅。彩悅迎輿舞，紅裳蹋臂歌。
>
> 野芳增髻飾，官酒恣顏酡。懷葛今何遠，淳風此地多。〔註103〕

詩人巡行北路，將往諸羅。山風強勁，早晨出發之時，感覺如秋風般凜冽。原住民居於山中竹樓，海洋的水氣豐沛，在山頭繚繞而成雲霧。原住民原本有裸體風俗，經過長期的教化，也已經懂得穿戴衣冠了。巡行詩歌除描寫途中即景，也紀錄了御史深入考察之所見：詩人途經原住民部落，發現他們不再袒胸露體，已曉衣冠之好，足見長期教化有成，原住民的漢化，標誌著臺灣地區漸沐文風，受教和順，局勢將更為平穩，這正是御史與朝廷所樂見的，是御史透過巡察，欲回報君王的重要訊息，也是御史確實將「天朝聖恩」廣被於民的最佳證據。除了表示朝廷權力遠達邊地海疆，也顯示一己巡行順利，監督有成，對朝廷負責盡忠之心。

由於空間移動的特殊經驗，使御史詩人有機會接觸臺灣原住民，並書寫他們訪視部落的景況。御史詩歌對臺灣原住民的描寫，除樂見其漢化，更時有熱烈迎接的描述：每有御史巡至村社，原住民必然「爭迎使節共歡呼」〔註104〕，

朱丕烈「奏報巡視北路情形」摺，見《宮中檔乾隆朝奏摺》第 28 輯，頁 566；乾隆 42 年 12 月 18 日，覺羅圖思義、孟邵「奏報巡視台灣北路之情形」摺，見《宮中檔乾隆朝奏摺》第 41 輯，頁 453。

〔註102〕南路巡行路線參見乾隆 16 年 11 月 22 日，錢琦「奏報巡查南路情形」摺，見《宮中檔乾隆朝奏摺》第 2 輯，頁 27；乾隆 21 年 04 月 29 日，官保、李友棠「奏報閱看水陸操演並巡視南路情形」摺，見《宮中檔乾隆朝奏摺》第 14 輯，頁 298；乾隆 29 年 02 月 10 日，永慶、李宜青「奏陳臺灣南路地方情形」摺，見《宮中檔乾隆朝奏摺》第 20 輯，頁 519。乾隆 29 年 2 月 9 日，永慶、李宜青「恭報巡察臺灣南路事宜仰祈睿鑒事」摺，見《宮中檔乾隆朝奏摺》第 20 輯，頁 518。

〔註103〕〔清〕張湄：〈北巡紀行〉四首之一、二，見《柳漁詩鈔》，卷 7，頁 365～366；亦收入《全臺詩》第 2 冊，頁 158。

〔註104〕〔清〕張湄：〈番俗〉六首之三，見《全臺詩》第 2 冊，頁 173。

爭相迎接。錢琦詩云「乘桴喜追從」〔註105〕、六十七亦有「番女番童夾道迎」〔註106〕之語，都顯示了原住民歡迎御史的熱烈情景。究竟原住民為何對於素未謀面，巡行次數又不多的御史如此熱情？《臺陽見聞錄》的記載，或可稍解疑慮：「凡巡臺御史及分巡道初至臺，必巡所屬地，並犒賞生、熟番。……賞物，如銀牌、苧線數十條、紅布數尺、婦人櫛髮諸器、饘餻火酒諸食物，各縣令供之。」〔註107〕番民素樸天真，或許正是當地官員施以小利，甚至命令、威逼，才為遠道而來的御史營造出這般熱烈歡迎、爭先示好的陣仗。如此一來，御史巡行，有些是在臺官員刻意營造、粉飾太平的和樂表象，其在臺時間又短，可能導致難以有效了解臺灣的真實情況。其詩對原住民的書寫，多呈現他們在帝國統治下，生活安穩、純樸樂天、人文化成的表面印象，較少關注他們真實的生活面貌。

而「懷葛今何遠，淳風此地多」，則展現御史巡行詩筆下的臺灣社會，民風敦厚天真，百姓生活安樂，錢琦亦有「地癖風逾古，時和俗自康」〔註108〕之語。臺灣風物與中土大異，來自他方的御史詩人，以「上古仙境」來定義此一未曾認識的空間，將其視作上古葛天氏時期，桃花源一般的純樸之地，是重洋之外的蓬萊仙島。如六十七詩云：

> 微茫島嶼片雲孤，物產民風事事殊。
> 絕好饔飧紅腳早，天然籬落綠珊瑚。
> 花無寒燠隨時發，酒長瓊漿不用沽。
> 最是良疇耕鑿易，欣然醉飽樂唐虞。〔註109〕

臺灣異於中原的風土民情，令詩人驚異。海島氣候溫暖，出產美味的稻米，居民的圍籬是天然的綠玉樹，無夏冬之分，花開四時。想要飲酒也不必去沽，隨手可得的椰子，其中便有玉液瓊漿。得天獨厚的土壤氣候，一年三熟，此地耕種容易，居民生活無虞，欣然醉飽，安居樂業，悠然美好，如唐虞時的上古時代。這樣的書寫，時見於御史詩歌，帶有詩人本身濃厚的主觀想像。他們將臺灣與中土區隔，塑造了一個停留在遙遠過去的時空，分別了臺灣（文

〔註105〕〔清〕錢琦：〈過東螺沙轆諸番社〉，見《澄碧齋詩鈔》卷8，頁333。
〔註106〕〔清〕六十七：《使署閒情》，卷2，詩2，頁65。
〔註107〕〔清〕唐贊袞：《臺陽見聞錄》卷下，〈番部〉，〈賞番〉，頁189。
〔註108〕〔清〕錢琦：〈鳳山縣〉，見《澄碧齋詩鈔》，卷7，頁325。
〔註109〕〔清〕六十七：〈即事偶成二律〉二首之一，見《使署閒情》，卷2，詩2，頁61；亦收入《全臺詩》第2冊，頁241。

化外；上古）與中原（文化內；現代）兩個截然相異的場域，對於臺灣這個未曾認識的空間，以本身原有的文化框架加以理解、定義，再現他們眼中的臺灣印象。

事實上，詩人對臺灣的烏托邦想像是不太真實的，御史詩人的奏摺點出許多臺地社會問題，例如延宕日久的臺穀輸閩問題，張湄有〈請採買米穀按豐歉酌價疏〉，奏請朝廷，平抑臺米價格〔註110〕，六十七亦曾奏請閩省停止採買臺穀，以避免米價飛漲及米穀不足〔註111〕；而社會方面，錢琦則遭遇了彰化縣兇番殺害民兵事件，顯示臺地族群之間的衝突。這些現實問題，僅僅反映於御史詩人的奏摺文書之中，他們的詩歌卻幾乎未曾提及。閱讀者的特殊，以及文體的差異，可能導致兩者書寫內容有所出入。詩人身為「御史」，代天巡狩，詩歌主要為「歸以報君王」〔註112〕、「歸拜帝廷告」〔註113〕，君王成為御史詩歌最主要的閱讀者，使御史在創作之時，其中情緒必得拿捏得宜，或含蓄隱晦，或乾脆隱而不論。而奏章的作用為提出具體事實或建言，書寫必須深入而明確。對於臺灣重大議題，奏章的呈現應是優於詩歌，因此此類巡行采風之詩，多由觀察視角，呈現百姓身沐天朝恩德，社會安定祥和的景況，少有一己之評述與建言。不過，御史詩歌雖未反映臺地重大問題，但仍有「生憎負販猶羅綺，何術民風使大淳」〔註114〕、「獨醒難挽浮靡俗」〔註115〕等點出臺灣社會浮華奢靡之弊的詩句。

御史詩人的書寫空間是移動的，詩歌能夠反映他們的巡行路線，如六十七〈北行雜詠〉九首之四：「牛欄小汛迎旌旆，虎尾深溪蹴浪花」〔註116〕，可知詩人巡行北路，至諸羅牛欄汛（軍營，在今嘉義市北），經虎尾溪入彰化縣

〔註110〕見巡臺御史書山、張湄：「請採買米穀按豐歉酌價疏」，收入〔清〕謝金鑾撰：《續修臺灣縣志》卷6，〈藝文一〉，〈奏疏〉，頁424～426；唐一明：〈清代巡臺御史傳略及詩錄〉，頁72。

〔註111〕〔清〕六十七、范咸：〈與周撫軍書〉，收入六十七：《使署閒情》，卷3，頁95～97。

〔註112〕〔清〕錢琦：〈鳳山縣〉，見《澄碧齋詩鈔》，卷7，頁325。

〔註113〕〔清〕錢琦：〈過東螺沙轆諸番社〉，同上註，卷8，頁333。

〔註114〕〔清〕六十七：〈即事偶成二律〉二首之二，見《使署閒情》，卷2，詩2，頁61；亦收入《全臺詩》第2冊，頁241。

〔註115〕〔清〕六十七：〈臺俗七月十五日為盂蘭會至夜分放水燈為紀以詩〉，見《全臺詩》第2冊，頁249。

〔註116〕〔清〕六十七：〈北行雜詠〉九首之四，見《使署閒情》，卷2，詩2，頁65；亦收入《全臺詩》第2冊，頁245。

界。再如錢琦詩〈大湖〉、〈鳳山縣〉、〈新園〉，可見其巡行南路的軌跡；〈新港道中〉、〈新港番社〉、〈番仔渡〉、〈牛稠溪〉、〈水沙連〉、〈清水溪〉、〈濁水溪〉、〈萬斗六溪〉、〈過東螺沙轆諸番社〉等，則為北巡途中所作。值得注意的是，御史巡行並非旅遊，而有其目的性，主要為考察民生，觀風采俗，曉諭官民，撫理番眾等，並回稟君王，許多府城之外的風土人情，一一呈現在他們的詩歌之中。來自朝廷權力核心的御史，以他們的帝國之眼觀看、理解、書寫臺灣，將這個陌生空間納入既有的知識體系，為統治者勾勒出臺灣的特殊樣貌。

三、觀風訓俗的使命

御史巡臺，匡正禮俗，倡導文教亦為主要職責。對帝國而言，臺灣為邊陲地區，移墾社會，民風悍戾，素來難治，必須導正不良風俗，加意培植文教，以穩固統治，尤其是異文化的原住民，更有「被教化」的需求，御史必須代表帝國，肩負起推行文教的使命，使邊疆海島亦能學習中原儒家文化。

匡正禮俗方面，六十七巡臺，發現臺郡禮義不恕，習俗淫洗，時有一女兩許，婚姻不遵禮法的惡習，除嚴懲犯者，並頒行〈通飭慎婚姻重廉恥示〉，詔令百姓務必注重夫婦人倫，秉守婚姻禮義，凜遵勿違。六十七並強調：「現今聖朝首重貞節，凡婦女持正守志者，率加旌表」〔註117〕，提倡、表彰婦女守節，顯示六十七致力推行儒家人倫，以求化民成俗，其詩〈弔五妃墓〉有「頑廉懦立蠻婦貞」〔註118〕語，亦有推廣女子守節，端正民風之思。

倡導文教方面，尤以監理學政的漢籍御史為主。清廷在臺灣所設之學校，有府學、縣學、書院、社學、原住民社學等，以政教合一為主要措施，欲藉儒學建立「忠臣順民」的傳統，闡揚儒家禮教，以鞏固政權。〔註119〕來自帝國的御史，擔負了培植臺地文風的重要使命，如張湄曾「手集先正大家名文三百篇，置海東書院，為諸生楷模」〔註120〕，親自校閱書院月課，並纂輯臺灣學子課藝佳作為《珊枝集》，為士子科考撰文之參考；錢琦不僅留意學子人格品行，考校課業亦親力親為，「日閱數百卷，目不轉瞬、手不停披，曾不以

〔註117〕見〔清〕六十七：《使署閒情》，卷3，雜著1，頁92。

〔註118〕見《全臺詩》第2冊，頁247。

〔註119〕見葉憲峻：〈清代臺灣儒學教育設施〉(《臺中師院學報》第13期，1999年)，頁192～198。

〔註120〕〔清〕劉良璧：〈張侍御「瀛壖百詠」跋〉，收入〔清〕六十七編：《使署閒情》，臺灣文獻叢刊第122種，卷4，雜著2，頁116。

勞故而稍有旁貸」，甚至捐俸資助，勸學興文。〔註121〕都顯示御史對臺灣學政用心至深，對臺郡的文教有強烈的使命感。由於儒學的推行，使臺灣風氣發生變化，如張湄〈觀風示〉云：

> 蓋家弦戶誦，文風差擬中華；而日盛月新，番社半為講塾。則可知
> 多士之繡口錦心，已非復囊時之雕題黑齒矣。〔註122〕

經過長期的人文化成，臺郡文風已現，原住民也漸沐儒教，有才的文士漸多，已不再是以往雕題黑齒的化外蠻民了。其詩「鴃舌能通先聖書」〔註123〕，則讚原住民兒童在儒學教育之下，已能朗誦詩經；原本「衣冠移裸俗」〔註124〕、「野芳增髻飾」〔註125〕，不喜衣冠，裝扮原始的原住民，在漸沐教化後，「漸識衣冠好」〔註126〕。又如錢琦〈鳳山縣〉：

> 塵都消劫火，斗漸煥文芒。
> 野有耽奇士，番多掣筆郎（番童應試有成章者）。
> 科名隆泮璧（臺郡文風，鳳山為冠，每科鄉薦不絕），役吏解文章（役吏與試者甚多）。
> 落紙張顛草，嘔心李賀囊（里人多有工詩善畫者）。
> 山川增麗色，天地拓窮鄉。〔註127〕

在帝國統治教化之下，局勢和平，文星漸顯。鄉野多是文采不凡的奇士，原住民亦多有應試成章者。鳳山子弟科舉成績不凡，鄉薦不絕，為臺郡之冠。鳳山文風鼎盛，役吏多能應試，里人也多工詩善畫。這些文采熠熠之士，為偏疆海島增添了不少光彩，讚頌鳳山推行教化有成，文風興盛。臺人文風漸沐，教化有成，使化外之民，成為文化之民，詩人為此深感欣喜，詩歌對文教變遷多有描寫，除了回稟君王，也是一種自我政績的紀錄。

清廷對匡正禮俗，倡導文教的重視，主要是為了鞏固政權，顯示了清廷的文化主義統治。陳龍廷指出，這種國家政治體制下的儒家教化，似乎以一

〔註121〕見謝家樹：〈巡臺錢公去思碑〉，收入〔清〕余文儀：《續修臺灣府志》，臺灣
文獻叢刊第121種，卷22，藝文3，頁808。
〔註122〕見〔清〕六十七：《使署閒情》，卷3，雜著1，頁90。
〔註123〕〔清〕張湄：〈番俗〉六首之四，見《全臺詩》第2冊，頁173。
〔註124〕〔清〕張湄：〈北巡紀行〉四首之一，見《柳漁詩鈔》卷7，頁365；亦收入
《全臺詩》第2冊，頁158。
〔註125〕〔清〕張湄：〈北巡紀行〉四首之二，同上註，頁365～366；同上註，頁158。
〔註126〕〔清〕錢琦：〈新港番社〉，見《澄碧齋詩鈔》，卷8，頁332。
〔註127〕〔清〕錢琦：〈鳳山縣〉，同上註，卷7，頁325。

種虛假的平等主義，反對同一個時代存在不同文化的多元文化論。他們自認為屬於比較高級、優雅、有教養的文化，而異文化則較為低劣、粗糙、原始，由此推論，異文化之民當然必須努力學習比較優秀的儒家思想。〔註128〕這樣的思考，在來自帝國，推行帝國政策的巡臺御史身上是顯而易見的，他們對臺灣文教懷抱使命，詩歌有強烈的文化優越感。巡臺所見民情和順，教化有成，政局安定，則言「祇緣聲教訖寰瀛」〔註129〕、「可是皇仁已遍宣」〔註130〕、「自言沾帝澤，身世樂義皇」〔註131〕，將之歸因於清廷的仁治教化，展現御史詩人的王化思維。

第三節　小結

「視域」本意為地平線，也可以理解為一種「成見」，加達默爾（Gadamer）以正面的涵義解釋「成見」，認為「成見」是人類的歷史真實存在狀態，是理解外在世界的基本「視域」。欲析論巡臺御史詩人，必須回歸、理解他們的詩歌視域，「視域」之異，來自於詩人不同的創作之眼，可能取決於詩人的時代、背景、際遇及性格，外在世界的變動，以及詩人本身的心境。

張湄之詩，屢有客居不遇之嘆，巡臺 2 年，始終視臺灣為「異域」、「他鄉」，無法真正接受與認同，其詩歌所表現出的視域，多採旁觀視角，僅呈現表象，更多的是對臺灣的客寓疏離之感，但張湄仍身懷御史之責，其詩時有思念故鄉與任職遠方的矛盾與無奈。六十七為滿洲貴冑，來自統治帝國的核心族群，其思想與視角，更能貼切的代表帝國，其詩較無出使異地、思鄉懷歸的感傷，反而自然流露仰懷君恩之思，時有歌頌君王天威，讚揚海疆無波之語，對帝國的信任與榮耀不言自明，顯示其身為滿籍御史的族群優越感。其書寫臺灣，考察民情，紀錄殊俗，指出弊病，能充分體察朝廷之意，流露其身為貴冑、官員的視野與思考。錢琦有御史抱負，能關心民瘼，曉民勸農，對於臺郡積弊雖無法有效介入、改善，有「無日不看花」的慨歎與無奈，但詩作仍能點出臺灣社會弊病，盡采風紀錄之責。其詩歌視域，較之張湄與六

〔註128〕陳龍廷：〈相似性、差異性與再現的複製：清代書寫臺灣原住民形象之論述〉（《博物館學季刊》17（3），2003 年 7 月），頁98。

〔註129〕〔清〕六十七：〈北行雜詠〉九首之一，見《使署閒情》，卷2，詩2，頁65；亦收入《全臺詩》第 2 冊，頁244～245。

〔註130〕〔清〕六十七〈北行雜詠〉九首之三；同上註，頁245。

〔註131〕〔清〕錢琦：〈新港番社〉，見《澄碧齋詩鈔》，卷8，頁332。

十七，面向較為豐富，更能深入呈現臺灣風土，詩作不流於俗，題材視角精彩而多樣。

綜觀三位巡臺御史的詩歌與創作視角，進而考察御史詩作的獨特性。巡臺御史詩歌有其常駐模式，首先為承平閒逸的情調，巡臺御史為欽命要員，在臺官吏或懾其威勢，屈意奉承，或慮自身利害，粉飾弊端，可能令御史僅見他們刻意營造的昇平表象，使詩歌多呈現穩定和平的面貌。三位御史巡臺之時，臺灣局勢穩定，巡察事務多依循往例執行，罕能有所作為，加上御史在臺時間短，對臺灣事務不能深悉，難以有效督察、改革，後期君王對御史的不信任，更是大幅削減了御史的監察權力。御史詩歌承平閒逸的表象之下，其實隱含有力難施的無奈，暗抒詩人心中苦悶，實有言外之意。其次為書寫空間的移動，御史為行走各方之職，宦遊來臺，其所處空間遭遇巨大變化，而他們按例於每年農隙之時，必須巡行南北二路，這又是另一波空間的移動。御史巡行並非旅遊，而有其目的性，主要為考察民生，觀風采俗，曉諭官民，撫理番眾等，並回稟君王。由於空間移動的特殊經驗，使御史詩人有機會接觸臺灣原住民，並書寫他們訪視部落的景況。御史詩歌常將臺灣定義為「上古仙境」，以本身原有的文化框架加以理解、再現，這樣的主觀想像並不真實，相較於詩歌的美好想像，臺灣社會的現實問題，大多反映在御史的奏摺文書之中，閱讀者的特殊，以及文體的差異，都導致兩者書寫內容有所出入。御史詩歌雖未反映臺地重大問題，但仍能點出臺灣社會的弊病。最後為觀風訓俗的使命，御史巡臺，匡正禮俗，倡導文教亦為主要職責。清廷派遣御史，希望他們導正不良風俗，加意培植文教，主要是為了鞏固政權，顯示清廷的文化主義統治，他們自認為屬於比較高級、優雅、有教養的文化，因此有教化相對低劣、粗糙、原始異文化之民的義務。這樣的思考，在來自帝國，推行帝國政策的巡臺御史身上是鮮明的，他們對臺灣文教懷抱使命，詩歌帶有強烈的文化優越感。

第六章　結　論

　　「巡臺御史」詩人是一個特殊的創作群體，他們身兼官吏與詩人的雙重
角色，在清代初期的臺灣文學占有重要地位。「巡臺御史」屬中央科道（監察）
官員，為皇帝「欽差」，出巡東南海疆邊防的重要區域，其遴選與派遣十分慎
重，入選擔任科道者，實為官員之中的佼佼者，尤其是限制必須為科舉出身
的漢籍科道，大多為進士出身，學識豐贍，多數漢籍御史本身詩文俱佳，當
時就頗有文名，在御史巡臺的六十餘年之間，創作頗豐，形成特殊的「御史
文學」。御史詩歌在臺灣的發展，以雍正 5 年（1727）與乾隆 17 年（1752）
為界，可分為初始期、極盛期、衰退期，其中極盛期始於雍正 5 年，漢籍巡
臺御史開始兼理學政之時，來臺御史多為文藝嫻熟之士，詩人輩出，是御史
詩歌發展的高峰。從其在臺詩作，可知多有雅集、唱和之實，顯示臺灣文人
集會與文學活動並未因禁止結社之令而消失；而御史詩人本身雅擅詩文，並
有相當程度的地位與權力，能帶動創作風氣，在臺灣文壇具領導作用；他們
並將詩文作品編纂成集，都顯示了巡臺御史的集體文學活動是積極的，在臺
灣古典詩歌史上，具有特殊意義。

　　欲了解御史文學，就必須置身於他們的歷史脈絡，理解其獨特的詩歌視
域。「視域」的構成，有很多因素，御史因公任職來臺，朝廷對他們的期待，
以及他們面對自我官職的調動與存在空間的劇變，皆深深影響創作，宇宙（世
界）、作者，彼此關涉影響，反映在御史詩人的詩作之中，構成了他們觀看世
界的特殊角度。「視域」之異，來自於詩人不同的創作視野，可能取決於詩人
的時代、背景、際遇及性格，外在世界的變動，以及詩人本身的心境。張湄
之詩，屢有客居不遇之嘆，巡臺 2 年，始終視臺灣為「異域」、「他鄉」，無法
真正接受與認同，其詩多呈現出對臺灣的客寓疏離之感，但張湄仍身懷御史

之責，故而時有思念故鄉與任職遠方的矛盾與無奈；六十七為滿洲貴冑，其思想與視角，更能貼切的代表帝國，其詩自然流露仰懷君恩之思，以及對帝國的信任與榮耀，他書寫臺灣，能充分體察朝廷之意，流露身為貴冑、官員的視野與思考；錢琦有御史抱負，能關心民瘼，曉民勸農，對於臺郡積弊雖無法有效介入、改善，有「無日不看花」的慨歎與無奈，但詩作仍能點出臺灣社會弊病，盡采風紀錄之責。其詩歌創作面向豐富，更能深入呈現臺灣風土，詩作不流於俗，題材視角精彩而多樣。三位御史的創作視野各不相同，張湄孤絕矛盾，六十七舒朗悠然，錢琦開闊豁達，其中滿籍御史的帝國視角，較漢籍御史鮮明。六十七出身統治帝國的核心族群，出巡臺灣，少有異地宦遊、懷鄉思歸的憂傷情緒，反而自然流露代天巡狩的榮耀，顯出其身為滿籍貴冑的族群優越感。

　　昔日定義巡臺御史詩人，多視其為閒散之官，詩歌以酬答唱和為主，富教化詩觀，較無特色，文學價值不高，相關研究也大多著重於題材特殊、代表性強烈的海洋詩及臺灣風物詩，而忽略了御史詩歌的其他面向。深入探討御史詩歌，其題材及面向是豐富而多樣的，有獨特之處。巡臺御史詩人為中央監察官員，設置有其特殊的時空背景，他們被派遣來臺，充當天子在海疆的耳目，而他們的詩文，主要的閱聽者正是君王，因此書寫必然有歷史性與侷限性。巡臺詩歌主要功能為采風問俗，回報君王，若欲抒發情感，也多是隱約而幽微的，他們的詩作呈現閒逸承平之情調，表現出臺郡政局的安定，但其間卻隱含有志難伸、有力難施的無奈之意。御史詩歌所表現出的閒逸，與當代歷史背景、政治情勢密切相關，其詩大多僅就表象紀錄、書寫，表現盛世情調，具有鮮明的帝國中心視野，難以直接從詩歌看出臺灣的社會問題。御史為行走各方之職，宦遊來臺，其所處空間遭遇劇變，而他們按例巡行南北二路，又是另一波空間的移動。御史巡行並非旅遊，主要為考察民生，觀風采俗，曉諭官民，撫理番眾等，並回稟君王，有其目的性。書寫空間移動的特殊經驗，也反映在他們的詩歌當中。來自帝國的御史，身負觀風訓俗的職責，他們對文風的培植懷抱使命，致力推行文教，詩歌帶有強烈的教化詩觀與文化優越感。巡臺御史詩歌所呈現的獨特性，正是由於他們特殊的時空背景及個人經歷，才構成了他們的創作視野，只有探討影響其「視域」的因素，理解其歷史性與侷限性，方能對御史詩歌有更加客觀而適當的評價。

參考文獻

一、古典文獻（按作者姓氏筆劃排列）

1. ﹝清﹞丁紹儀撰：《東瀛識略》，臺灣文獻叢刊第 2 種，臺北市：臺灣銀行經濟研究室，1957 年。

2. 川口長孺等撰：《安平縣雜記》，臺灣文獻叢刊第 52 種，臺北市：臺灣銀行經濟研究室，1959 年。

3. ﹝漢﹞毛亨傳；﹝漢﹞鄭玄箋；﹝唐﹞陸德明音義；﹝唐﹞孔穎達疏；﹝清﹞阮元校勘；﹝清﹞盧宣旬摘錄：《重刊宋本毛詩注疏附校勘記》，臺北縣：藝文印書館，1976 年。

4. ﹝清﹞六十七撰：《使署閒情》，臺灣文獻叢刊第 122 種，臺北市：臺灣銀行經濟研究室，1961 年。

5. ﹝清﹞六十七撰：《番社采風圖考》，臺灣文獻叢刊第 90 種，臺北市：臺灣銀行經濟研究室，1961 年。

6. ﹝清﹞王必昌撰：《重修臺灣縣志》，臺灣文獻叢刊第 113 種，臺北市：臺灣銀行經濟研究室，1961 年。

7. ﹝清﹞王昶撰，﹝清﹞毛慶善編：《湖海詩人小傳》，收入周駿富輯：《清代傳記叢刊》第 24 冊，臺北市：明文書局，1985 年。

8. ﹝清﹞王先謙撰：《東華錄選輯》，臺灣文獻叢刊第 262 種，臺北市：臺灣銀行經濟研究室，1969 年。

9. ﹝清﹞朱汝珍輯：《詞林輯略》，收入周駿富輯：《清代傳記叢刊》第 16 冊，臺北市：明文書局，1985 年。

10. ﹝清﹞朱景英撰：《海東札記》，臺灣文獻叢刊第 19 種，臺北市：臺灣銀行經濟研究室，1958 年。

11. ﹝清﹞余文儀撰：《續修臺灣府志》，臺灣文獻叢刊第 121 種，臺北市：臺灣銀行經濟研究室，1962 年。

12. 〔清〕李桓輯：《國朝耆獻類徵初編》，收入周駿富輯：《清代傳記叢刊》第 127～191 冊，臺北市：明文書局，1985 年。

13. 〔清〕松筠纂：《欽定臺規二種》第 2 冊，收入《故宮珍本叢刊》第 316 冊，海口市：海南出版社，2000 年。

14. 〔清〕周凱撰：《廈門志》，臺灣文獻叢刊第 95 種，臺北市：臺灣銀行經濟研究室，1961 年。

15. 〔清〕法式善等撰；張偉點校：《清秘述聞三種》，北京：中華書局，1997 年。

16. 〔劉宋〕范曄撰；〔唐〕李賢等注；〔晉〕司馬彪補志；楊家駱主編：《新校本後漢書并附編十三種》，臺北市：鼎文書局，1981 年。

17. 〔清〕郁永河著：《裨海紀遊》，臺灣文獻叢刊第 44 種，臺北市：臺灣銀行經濟研究室，1959 年。

18. 〔清〕范咸撰：《重修臺灣府志》，臺灣文獻叢刊第 105 種，臺北市：臺灣銀行經濟研究室，1961 年。

19. 〔清〕胡建偉撰：《澎湖紀略》，臺灣文獻叢刊第 109 種，臺北市：臺灣銀行經濟研究室，1961 年。

20. 〔清〕孫元衡著：《赤嵌集》，臺灣文獻叢刊第 10 種，臺北市：臺灣銀行經濟研究室，1958 年。

21. 〔清〕高拱乾撰：《臺灣府志》，臺灣文獻叢刊第 65 種，臺北市：臺灣銀行經濟研究室，1960 年。

22. 〔清〕袁枚著：《隨園詩話》卷 3，第 64 則，收入王英志主編：《袁枚全集》第 3 冊，江蘇省：江蘇古籍出版社，1993 年。

23. 〔清〕唐贊袞撰：《臺陽見聞錄》，臺灣文獻叢刊第 30 種，臺北市：臺灣銀行經濟研究室，1958 年。

24. 連橫：《臺灣通史》，臺灣文獻叢刊第 128 種，臺北市：臺灣銀行經濟研究室，1962 年。

25. 連橫：《雅堂文集》，臺灣文獻叢刊第 208 種，臺北市：臺灣銀行經濟研究室，1964 年。

26. 連橫：《臺灣詩乘》，臺灣文獻叢刊第 64 種，臺北市：臺灣銀行經濟研究室，1960 年。

27. 〔清〕張維屏輯：《國朝詩人徵略初編》，收入周駿富輯：《清代傳記叢刊》第 21～22 冊，臺北市：明文書局，1985 年。

28. 〔清〕陳文達撰：《臺灣縣志》，臺灣文獻叢刊第 103 種，臺北市：臺灣銀行經濟研究室，1961 年。

29. 〔清〕崑岡等修；〔清〕劉啟端等纂：《欽定大清會典事例》，《續修四庫全書》第 798～814 冊，上海：上海古籍，2002 年。

30. 〔清〕張湄:《柳漁詩鈔》,收入國家清史編纂委員會編:《清代詩文集彙編》第 278 冊,上海:上海古籍出版,2010 年。

31. 〔清〕張湄:《柳漁詩鈔》,收入四庫全書存目叢書編纂委員會編:《四庫全書存目叢書》,集部別集類,第 276 冊,臺南縣:莊嚴文化事業有限公司,1997 年。

32. 〔清〕陳璚修,〔清〕王棻纂;屈映光、陸懋勳續修;齊耀珊重修;吳慶坻重纂:《民國杭州府志》,收入《中國地方志集成,浙江府縣志集》,上海市:上海書店,1993 年。

33. 〔清〕黃叔璥:《臺海使槎錄》,臺灣文獻叢刊第 4 種,臺北:臺灣銀行經濟研究室,1957 年。

34. 〔清〕董天工:《臺海見聞錄》,臺灣文獻叢刊第 129 種,臺北市:臺灣銀行經濟研究室,1961 年。

35. 趙爾巽等撰:《清史稿》,《續修四庫全書》第 295～300 冊,上海:上海古籍,2002 年。

36. 〔清〕劉良璧撰:《重修福建臺灣府志》,臺灣文獻叢刊第 74 種,臺北市:臺灣銀行經濟研究室,1961 年。

37. 〔清〕蔣師轍撰:《臺游日記》,臺灣文獻叢刊第 6 種,臺北市:臺灣銀行經濟研究室,1957 年。

38. 〔清〕蕭奭撰;朱南銑點校:《永憲錄》,北京市:中華書局,1997 年。

39. 〔清〕錢琦:《澄碧齋詩鈔》,收入國家清史編纂委員會編:《清代詩文集彙編》第 315 冊,上海:上海古籍出版,2010 年。

40. 〔清〕謝金鑾編:《續修臺灣縣志》,臺灣文獻叢刊第 140 種,臺北市:臺灣銀行經濟研究室,1962 年。

41. 〔清〕藍鼎元:《東征集》,臺灣文獻叢刊第 12 種,臺北市:臺灣銀行經濟研究室,1958 年。

42. 〔清〕藍鼎元:《平臺紀略》,臺灣文獻叢刊第 14 種,臺北市:臺灣銀行經濟研究室,1958 年。

43. 〔清〕蘇樹蕃:《清朝御史題名錄》,收入沈雲龍主編:《近代中國史料叢刊》第 14 輯,臺北縣:文海出版社,1967 年。

44. 〔清〕覺羅勒德洪等修纂:《大清歷朝實錄》,臺北市:華文,1964 年。

45. 《大清聖祖仁（康熙）皇帝實錄》,臺北市:華文書局,1964 年。

46. 《大清世宗憲（雍正）皇帝實錄》,臺北市:華文書局,1964 年。

47. 《大清高宗純（乾隆）皇帝實錄》,臺北市:華文書局,1964 年。

48. 《清聖祖實錄選輯》,臺灣文獻叢刊第 165 種,臺北市:臺灣銀行經濟研究室,1963 年。

49. 《清世宗實錄選輯》，臺灣文獻叢刊第 167 種，臺北市：臺灣銀行經濟研究室，1963 年。

50. 《清高宗實錄選輯》，臺灣文獻叢刊第 186 種，臺北市：臺灣銀行經濟研究室，1963 年。

51. 〔清〕乾隆三十二年敕撰：《欽定皇朝通典》，《景印文淵閣四庫全書》第 642～643 冊，臺北市：臺灣商務，1984 年。

52. 〔清〕乾隆十二年敕撰：《欽定大清會典則例》，《景印文淵閣四庫全書》第 620～625 冊，臺北市：臺灣商務，1984 年。

53. 〔清〕乾隆十二年敕撰：《欽定皇朝文獻通考》，《景印文淵閣四庫全書》第 632～638 冊，臺北市：臺灣商務印書館，1984 年。

54. 《欽定宗室王公功績表傳》，收入《景印文淵閣四庫全書》第 454 冊，臺北市：臺灣商務印書館，1984 年。

55. 《欽定八旗通志》，收入《景印文淵閣四庫全書》第 666 冊，臺北市：臺灣商務印書館，1984 年。

56. 《福建通志臺灣府》，臺灣文獻叢刊第 84 種，臺北市：臺灣銀行經濟研究室，1960 年。

57. 《臺灣通志》，臺灣文獻叢刊第 130 種，臺北市：臺灣銀行經濟研究室，1962 年。

58. 《臺灣輿地彙鈔》，臺灣文獻叢刊第 216 種，臺北市：臺灣銀行經濟研究室，1965 年。

59. 臺灣省文獻委員會編：《重修臺灣省通志》，南投市中興新村：臺灣省文獻委員會，1998 年。

二、研究專著（按作者姓氏筆劃排列）

1. Hans-Georg Gadamer 著；洪漢鼎譯：《真理與方法：哲學詮釋學的基本特徵》，臺北：時報文化，1993 年。

2. Hans-Georg Gadamer 著；洪漢鼎、夏鎮平譯：《真理與方法：補充和索引》，臺北：時報文化，1995 年

3. 方豪：《方豪六十至六十四自選待定稿》，臺北市：臺灣學生書局，1974 年。

4. 王世慶：《清代臺灣社會經濟》，臺北市：聯經出版社，1994 年。

5. 王存立，胡文青編著；金炫辰改繪：《台灣的古地圖：明清時期》，臺北縣：遠足文化出版，2002 年。

6. 尹章義：《臺灣開發史研究》，臺北市：聯經出版社，1989 年。

7. 尹全海：《清代渡海巡臺制度研究》，北京：九州出版社，2007 年。

8. 尹全海等整理：《清代福建大員巡臺奏摺》，北京：九州出版社，2011 年。

9. 古鴻廷：《清代官制研究》臺北市：五南圖書出版股份有限公司，2005 年。

10. 伊能嘉矩：《台灣蕃政志》，臺北市：南天書局，1904 年。

11. 伊能嘉矩：《臺灣文化志》，臺北市：臺灣書房，2011 年。

12. 江寶釵：《臺灣古典詩面面觀》，臺北：巨流圖書公司，1999 年。

13. 李亦園：《臺灣土著民族的社會與文化》，臺北市：聯經出版社，1982 年。

14. 李祖基：《台灣歷史研究》，臺北市：海峽學術出版社，2008 年。

15. 何金蘭：《文學社會學》，臺北市：桂冠圖書公司，1989 年。

16. 余育婷：《想像的系譜：清代臺灣古典詩歌知識論的建構》，新北市：稻鄉出版社，2012。

17. 周憲文：《清代臺灣經濟史》，臺北市：臺灣銀行經濟研究室，1957 年。

18. 周婉窈：《臺灣歷史圖說》，臺北市：聯經出版社，2009 年。

19. 東海大學中國文學系編輯：《台灣古典文學與文獻研討會論文集》，臺北市：文津出版社，1999 年。

20. 林淑慧：《臺灣文化采風：黃叔璥及其《臺海使槎錄》研究》，臺北市：萬卷樓出版社，2004 年。

21. 洪敏麟編：《台灣舊地名之沿革》，臺北市：臺灣文獻委員會，1977 年。

22. 施懿琳：《從沈光文到賴和：台灣古典文學的發展與特色》，高雄市：春暉出版社，2000 年。

23. 施懿琳，楊雅惠主編：《時空視域的交融：文學與文化論叢》，高雄市：中山大學人文研究中心，2011 年。

24. 柯志明：《番頭家：清代臺灣族群政治與熟番地權》，臺北市：中央研院社會學研究所，2001 年。

25. 陳文石：《明清政治社會史論》，臺北市：臺灣學生，1991 年。

26. 陳秋坤：《清代台灣土著地權：官僚、漢佃與岸裡社人的土地變遷（1700～1895）》，臺北市：中央研究院近代史研究所，1994 年。

27. 陳捷先：《清代臺灣方志研究》，臺北市：臺灣學生書局，1996 年。

28. 陳孔立：《清代台灣移民社會研究》，北京：九州出版社，2003 年。

29. 陳支平主編：《臺灣文獻匯刊》第 4 輯，第 18 冊，北京市：九州出版社，2004 年。

30. 許雪姬：《北京的辮子：清代臺灣的官僚體系》，臺北市：自立晚報，1993 年。

31. 張健：《清代詩學研究》，北京：北京大學出版社，1999 年。

32. 莊勝全：《萬文遙寄海一方：清帝國對臺灣的書寫與認識》，新北市：稻鄉出版社，2013。

33. 國立中央大學共同學科主編：《明清之際中國文化的轉變與延續學術研討會論文集》，臺北：文史哲出版，1991 年。

34. 游喚：《文學批評精讀》，臺北市：五南圖書出版公司，2008 年。

35. 黃慶雄：《旅行書寫與文化想像：清領前期臺灣古典詩的文化考察》，臺中市：白象文化，2012 年。

36. 楊雲萍：《臺灣史上的人物》，臺北市：成文出版社，1981 年。

37. 楊熙：《清代臺灣：政策與社會變遷》，臺北市：天工書局，1985 年。

38. 楊啟樵：《雍正帝及其密摺制度研究》，臺北市：遠流出版社，1989 年。

39. 葉高樹：《清朝前期的文化政策》，新北市：稻鄉出版社，2002 年。

40. 廖雪蘭：《臺灣詩史》，臺北：武陵出版社，1989 年。

41. 鄭毓瑜：《文本風景：自我與空間的相互定義》，臺北市：麥田出版社，2005 年。

42. 劉若愚著；杜國清譯：《中國文學理論》，臺北市：聯經出版事業公司，1981 年。

43. 劉妮玲：《清代臺灣民變研究》，臺北市：國立臺灣師範大學歷史研究所，1983 年。

44. 劉小萌：《八旗子弟》，福州：福建人民出版社，1996 年。

45. 劉麗卿：《清代臺灣八景與八景詩》，臺北市：文津出版社，2002 年。

46. 錢仲聯：《清詩紀事‧乾隆朝卷》，江蘇：古籍出版社，1987 年。

47. 謝崇耀：《清代臺灣宦遊文學研究》，臺北市：蘭臺出版社，2001 年。

48. 謝崇耀：《月映海內灣──清領時期的宦遊文學》，臺南市：國立臺灣文學館，2011 年 12 月。

三、工具書類（按書籍年代先後排列）

1. 國立中央研究院歷史語言研究所編：《明清史料》，臺北市：維新書局，1972 年。

2. 國立故宮博物院編：《宮中檔雍正朝奏摺》，臺北市：國立故宮博物院，1978 年。

3. 國立故宮博物院編：《宮中檔乾隆朝奏摺》，臺北市：國立故宮博物院，1982 年。

4. 秦國經主編：中國第一歷史檔案館藏《清代官員履歷檔案全編》，上海市：華東師範大學出版社，1997 年。

5. 錢實甫編：《清代職官年表》，北京：中華書局，1997 年。

6. 國家圖書特藏組編；林偉洲、張子文、郭啟傳撰文：《臺灣歷史人物小傳——明清時期》，臺北市：國家圖書館，2001 年。

7. 全臺詩編輯小組編撰：《全臺詩》第 1、2 冊，臺北市：遠流出版社，2004年。

8. 許雪姬、薛化元、張淑雅等撰文：《臺灣歷史辭典》，臺北市：行政院文化建設委員會，2005 年。

9. 施懿琳，廖美玉主編：《臺灣古典文學大事年表：明清篇》，臺北市：里仁書局，2008 年。

四、研究論文（按論文年代先後排列）

（一）單篇論文

1. 黃文雄：〈巡臺御史被劾案〉，《臺北文物》4：3，1955 年 11 月 20 日，頁38～46。

2. 莊金德：〈巡臺御史的設立與廢止〉，《臺灣文獻》第 16 卷第 1 期，1965年 3 月，頁 53～77。

3. 方豪：〈乾隆初旅臺滿洲學人六十七〉，《故宮文獻》第 3 卷第 1 期，1971年 12 月，頁 1～20。（亦收錄於方豪：《方豪六十至六十四自選待定稿》，臺北市：臺灣學生書局，1974 年，頁 303～412。）

4. 陳文石：〈清代滿人政治參與〉，《中央研究院歷史語言研究所集刊》48：4，1977 年，頁 529～594。（亦收錄於其氏著：《明清政治社會史論》（下冊），臺北市：臺灣學生，1991 年，頁 663～664。）

5. 許雪姬：〈首任巡臺御史黃叔璥研究——試論其生平、交友及著述〉，《臺北文獻》第 44 期，1978 年 6 月，頁 123～132。

6. 林文龍：〈張湄與「瀛壖百詠」〉，《臺南文化》新八號，1980 年，頁 173～182。

7. 陳捷先：〈禪濟布巡臺事蹟考〉，《臺北文獻》直字第 61、62 合刊，1983年 3 月，頁 105～134。

8. 陳捷先：〈論清代臺灣地區方志的義例〉，《漢學研究》第 3 卷第 2 期（總第 6 號），臺北：漢學研究資料及服務中心，1985 年 12 月，方志學國際研討會論文專號第 1 冊。

9. 湯熙勇：〈清代巡臺御史夏之芳的事蹟〉，《臺灣史研究論文集》，臺北：中華民國臺灣史蹟研究中心，1988 年，頁 1～60。

10. 唐一明：〈清代巡臺御史傳略及詩錄〉，《史聯雜誌》第 13 期，1988 年 12月，頁 60～99。

11. 湯熙勇：〈清乾隆十六年臺灣彰化之番殺兵民事件——清廷的調查處理及

其對治臺措施的影響〉，收入臺灣史蹟研究中心編印：《臺灣史研究學術討論會論文集》，1989 年 12 月，頁 35～72。

12. 唐一明：〈清代巡臺御史傳略（續）〉，《史聯雜誌》第 16 期，1990 年 6 月，頁 28～52。

13. 劉如仲：〈巡臺御史的設立及其歷史作用〉，《中國歷史文物》，1991 年 00 期，頁 123～131。

14. 湯熙勇：〈巡臺御史與清代臺灣的科舉教育〉，《明清之際中國文化的轉變與延續學術研討會論文集》，臺北：文史哲出版，1991 年，頁 439～483。

15. 林慶元：〈《南征紀程》、《臺海使槎錄》及其他──關於首任巡臺御史黃叔璥的幾個問題〉，《亞洲研究》第 23 期，1997 年 7 月，頁 62～74。

16. 李鴻瓊〈空間、旅行、後現代：波西亞與海德格〉，《中外文學》第 26 卷第 4 期，1997 年 9 月，頁 109～110。

17. 杜正勝：〈《番社采風圖》題解──以台灣歷史初期平埔族之社會文化為中心〉，《大陸雜誌》第 96 卷第 1～6 期，1998 年。

18. 葉憲峻：〈清代臺灣儒學教育設施〉，《臺中師院學報》第 13 期，1999 年，頁 187～203。

19. 李祖基：〈清代巡臺御史制度研究〉，《故宮博物院院刊》總第 106 期，2003 年，頁 38～45。（亦收錄於氏著：《台灣歷史研究》（臺北市：海峽學術出版社，2008 年），頁 156～171。）

20. 陳龍廷：〈相似性、差異性與再現的複製：清代書寫臺灣原住民形象之論述〉，《博物館學季刊》17（3），2003 年 7 月，頁 91～111。

21. 駱育萱：〈范咸詩作之研究〉，《白沙人文社會學報》第 4 期，2005 年 10 月，頁 105～135。

22. 劉仲華：〈清代首任巡臺御史黃叔璥生平及其學術成就簡述〉，《唐都學刊》第 21 卷第 6 期，2005 年 11 月，頁 144～148。

23. 黃武智：〈黃叔璥生卒年及其著作《臺海使槎錄》序文作者考證〉，《高雄師大學報》人文與藝術類，第 19 期，2005 年 12 月，頁 69～78。

24. 黃武智：〈《臺海使槎錄》的史料價值與藝術價值──以〈番俗六考〉與〈番俗雜記〉為例〉，《興大人文學報》第 36 期，2006 年 3 月，頁 419～451。

25. 王小恒：〈浙派詩文化活動詮真──以厲鶚為中心〉，《甘肅廣播電視大學學報》第 17 卷第 1 期，2007 年 3 月，頁 29～31。

26. 吳盈靜：〈一位滿裔漢人的臺灣詩情──論巡臺御史六十七及其詩作〉，嘉義大學臺灣文化中心：《第二屆嘉義研究學術研討會論文集》，2007 年 4 月，頁 99～115。

27. 陳思穎：〈來自大海的呼喚──論清初巡臺御史錢琦詩作中的海洋書

寫〉，高師大《國文學報》第 6 期，2007 年 6 月，頁 211～242。

28. 鄭幸：〈南屏詩社考〉，《廈門教育學院學報》第 9 卷第 2 期，2007 年 6 月，頁 10～11。

29. 何晉勳：〈六十七兩種《采風圖》及《圖考》之關係考察〉，《臺灣學研究》第 6 期，2008 年 12 月，頁 53～70。

30. 劉麗卿：〈巡臺御史六十七在臺期間（1744～1747）之詩作論析〉，《臺中教育大學學報》人文藝術類，第 25 卷第 1 期，2011 年 6 月，頁 41～57。

31. 吉路：〈清代第一任「巡臺御史」──大興黃叔璥（上）〉，《北京檔案》2011 年第 9 期，2011 年 10 月，頁 67。

32. 吉路：〈清代第一任「巡臺御史」──大興黃叔璥（下）〉，《北京檔案》2011 年第 10 期，2011 年 11 月，頁 61。

33. 王雲洲：〈評尹全海著《清代渡海巡臺制度研究》〉，《臺灣史研究》第 19 卷第 1 期，2012 年 3 月，頁 193～201。

34. 歐磊：〈清代官員丁憂制度略論〉，《北方論叢》，2012 年第 6 期，2012 年 11 月，頁 61～64。

35. 林淑慧：〈觀看海外邊陲：巡臺御史的論述策略〉，《淡江中文學報》第 28 期，2013 年 6 月，頁 261～296。

36. 方亮：〈巡臺御史夏之芳考論──關於家世、生平及其宦臺詩〉，《揚州教育學院學報》第 31 卷第 2 期，2013 年 6 月，頁 7～11。

（二）學位論文

1. 何孟興：〈清初巡臺御史制度之研究〉，臺中：東海大學歷史所碩士論文，1989 年。

2. 施志汶：〈清康雍乾三朝的治臺政策〉，臺北：國立師範大學歷史研究所碩士論文，2001 年。

3. 陳佳妏：〈清代臺灣記遊文學中的海洋〉，臺北：國立政治大學中國文學系碩士論文，2001 年。

4. 許玉青：〈清代臺灣古典詩之地理書寫研究〉，桃園：國立中央大學中國文學研究所碩士論文，2005 年。

5. 吳毓琪：〈康熙時期臺灣宦遊詩之研究〉，臺南：國立成功大學台灣文學研究所博士論文，2006 年。

6. 吳青霞：〈台灣三大民變書寫研究──以古典詩文為主〉，臺南：國立成功大學台灣文學研究所碩士論文，2006 年。

7. 許惠玟：〈道咸同時期（1821～1874）臺灣本土文人詩作研究〉，國立中山大學中國文學系博士論文，2007 年。

8. 藍偵瑜：〈清代來臺文人之臺灣特殊性書寫研究〉，臺南：國立成功大學

台灣文學研究所碩士論文，2008 年。

9. 葉信亨：〈清朝初期監察制度的運作與奏摺文書的形成〉，臺北：國立臺灣師範大學歷史學系研究所碩士論文，2009 年。

10. 劉麗卿：〈清代詩文筆記書寫的臺灣怪異圖像研究〉，臺南：國立成功大學中國文學系博士論文，2011 年。

五、電子資料庫

1. 全臺詩・智慧型全臺詩資料庫：http://xdcm.nmtl.gov.tw/twp/b/b02.htm

2. 國立故宮博物院：清代宮中檔奏摺及軍機處檔摺件全文影像資料庫：http://npmhost.npm.gov.tw/ttscgi/ttswebnpm?@0:0:1:npmmeta:/tts/npmmeta/dblist.htm@@0.22065529270830952

3. 臺灣清代官職表查詢系統：http://140.112.30.230/Career_tb/index.php

4. 臺灣歷史文化地圖核心應用系統：http://thcts.ascc.net/

附　錄

附錄一：《使署閒情》與《重修臺灣府志》重覆收錄之詩作

作　者	詩　題
沈光文	〈感懷〉
	〈己亥除夕〉
	〈齊价人移浯以詩投贈次韻答之〉
	〈野鶴〉
	〈題寧靖王齋壁〉
	〈柬曾則通借米〉
	〈別洪七峰〉
	〈詠籬竹〉
勞之辨	〈海中島〉
王兆陞	〈郊行即事〉
黃學明	〈臺灣吟〉
婁　廣	〈海會寺〉
陳　璸	〈手植文公祠梅花〉
	〈文昌閣落成〉
陳兆蕃	〈臺灣雜詠〉
陳聖彪	〈赤嵌城觀海〉
	〈岡山〉

宋永清	〈上淡水社〉
	〈九日羅山遇雨〉
陳夢林	〈檨圃〉
蔡世遠	〈題臺灣周明府鍾瑄小照即以贈行〉
景考祥	〈過澎湖嶼〉
王之敬	〈過釣臺〉
陳　昂	〈詠偽鄭遺事四首〉
林元俊	〈有感〉
	〈秋夜〉
王　洪	〈暮春獨坐〉
王聯登	〈朱文公祠梅花（陳中丞清端公手植）〉
周日燦	〈初夏讌集〉
葉泮英	〈暮春〉
	〈夜坐〉
李　霨	〈鳳仙花〉
	〈老來嬌〉
	〈龍潭夜月〉
	〈屏山夕照〉
王　璋	〈雞籠積雪〉
陳元圖	〈輓寧靖王〉
何借宜	〈寒食過五妃墓〉
楊二酉	〈新園道中〉
	〈阿猴武洛諸社〉
	〈過羅漢門山〉
熊學鵬	〈放洋〉
高　山	〈甲子奉命赴臺清查官莊即事成詠〉
覺羅雅爾哈善	〈六巡使見示長句卻寄〉
	〈再答六司諫〉

伊福訥	〈寄臺灣巡使六給事〉
德　齡	〈送范九池侍御巡視臺灣〉
	〈復成七言律一首〉
孫　灝	〈送范浣浦巡視臺灣〉
莊　年	〈和巡使六給事九頭柑原韻〉
	〈和巡使范侍御「正月五日齋頭見菊花」原韻〉
褚　祿	〈諸羅道中即事〉
	〈安平晚渡〉
	〈沙鯤漁火〉
	〈鹿耳春潮〉
	〈雞籠積雪〉
張若瑜	〈金瓜茄〉
曾曰瑛	〈白沙書院示諸生（時書院新落成）〉
陳　繩	〈二月諸羅道中〉
六十七	〈乙丑立春〉
	〈人日〉
	〈方司馬惠九頭柑柬謝〉
	〈莊副使惠女貞酒賦謝（限「從」字）〉
	〈即事偶成二律〉
林麟昭	〈赤嵌城〉
傅汝霖	〈前題〉
鄭應球	〈和宋明府「村夜」原韻〉
	〈龜山晚眺〉
	〈移家〉
張　英	〈安平晚渡〉
林青蓮	〈蓮池潭〉
陳廷藩	〈遊竹溪寺〉
	〈羅山訪友人值雨後留飲〉

附錄二：《全臺詩》未收錄之錢琦詩（計 74 首）

詩　題	詩　　　　歌	出　處
〈過海會寺〉	草澤鯨鯢窟，樓臺歌舞春（寺為鄭芝龍故墓）。 荒烟迷斷跡，淨業懺前因。 潮長龍歸鉢，亭空鳥喚人。 自今依慧日，無復海揚塵。	《澄碧齋詩鈔》（下同） 卷7，頁323
〈春暮雜咏〉	衡齋斜傍海門開，老去韶光挽不回。 萬里客情隨草長，五更鄉夢逐潮來。 匡時愧乏芻蕘策，利濟誰為舟楫材。 獨倚孤亭閒悵望，夕陽滿地覆蒼苔。 一笑浮蹤似斷鴻，孤飛直到海天東。 鶯花管領乾坤外，歲月消磨雲水中。 可耐春光騰暮景，獨開冷戶滿清風。 此來真覺機心淨，撥眼波濤總放空。 好風吹到楝花初，料理烟霞意自如。 移竹近門辭俗客，疊蕉當紙裏殘書。 功名不比匡衡薄，禮法常同阮藉疎。 回首中原春一色，始知天地本蘧廬。 異域翻成自在天，訟庭草長暖生烟。 開簾引月評花譜，就石烹茶汲井泉。 到處有禾兼有麥（臺陽四月，禾麥齊登）， 是官非佛亦非仙。 他時好倩添毫手，畫我山邊與海邊。	卷7，頁323 卷7，頁324
〈海吼〉	點點撒豆聲，亂擊花腔鼓。 清泉石罅流，落葉風前舞。 劃然震動擺雷硠，刀鎗甲馬爭騰驤。 潮頭欲落不得落，寒雲黮黮天茫茫。 喘定怒息意欲止，秋雨夜滴空堦長。 似斷復續聲漸遠，野雲碎裂隨風颺。 萬籟忽沈天地悄，南箕有口森開張。 靈鼉乘勢吸海水， 噴作怪雨飛幽荒（海吼後必繼以大風雨，海水始平）。 鹿門沙礁如鐵厚，估舶連宵遭擊掊。 試問聲從何處來？此聲來自無何有。 有鳥常懷填海心，憑誰小試驅山手， 移將一柱砥中流，不遣風波生利口。	卷7，頁324
〈檳榔曲〉	妾作檳榔花，郎作椰子樹。 願得同根生，結子不知數（檳榔與椰樹同栽則實）。	卷7，頁324

	檳榔顆顆鮮，服之顏色好。 願郎莫惜錢，保妾長不老。	
〈大湖〉	兩邑平分界，環堤一水連。 短橋支古木，墮葉裏寒烟。 村落桃源洞，雲山勾曲天。 殷勤憖父老，焚頂拜輿前。	卷7，頁325
〈鳳山縣〉	東指近扶桑，偏隅接大荒。 鯨牙拔濁水（濁水溪源出於海）， 鳳羽翽高崗（山形似鳳，縣因以名）。 網翠珊瑚樹（網翠，山名，多生綠珊瑚樹）， 堆銀牡蠣房（大崗山頂滿積蠣殼，不知何時物也）。 山偏長傀儡（傀儡山高聳重霄，橫跨數嶺）， 溪但少津梁（縣凡數十溪，夏秋漫漲，春冬淺涸，不能設橋梁。舟楫行人，揭衣以渡）。 地癖風逾古，時和俗自康。 家家茅蓋屋，社社穀盈倉。 士義懷忠里，僧閒彌勒莊。 新園集午市，淡水下斜陽。 冬暖黃瓜熟（長至前後，黃瓜出市）， 秋涼紅腳香（縣出香稻名紅腳）。 蔗原如霧暗（地多種蔗）， 竹徑似屏張（地多產竹，居人栽以代墻）。 花木隨時秀，蟲魚按譜詳。 塵都消刼火，斗漸煥文芒。 野有耽奇士，番多掣筆郎（番童應試有成章者）。 科名隆泮璧（臺郡文風，鳳山為冠，每科鄉薦不絕）， 役吏解文章（役吏與試者甚多）。 落紙張顛草，嘔心李賀囊（里人多有工詩善畫者）。 山川增麗色，天地拓窮鄉。 靡及駪駪意，巡行草草裝。 兒童迎竹馬，父老獻壺漿。 自愧無邨雨，空勞憩召棠。 採風聊紀略，歸以報君王。	卷7，頁325
〈新園〉	徧採風謠不厭喧，前途又指是新園。 雲橫絕壁番聯社，草散生香鹿過村。 到處看花紅滿路，有人垂釣綠當門。 好從水淺沙平處，認取飛鴻雪爪痕。	卷7，頁325 ～326
〈鳳彈〉	丹鳳何年落海隅，幻將遺種結名區。 萬家烟火新村落，兩岸雲山古畫圖。 草徑蕭蕭眠倦犢，水田漠漠下飢烏。 此閒使節頻經到，問有甘棠勿翦無。	卷7，頁326

〈望玉山〉	何年五丁來海外，開山誤踏瓊瑤碎。 五色光騰蓬島霞，三山玉立芙蓉蓋。 秋霜刻鏤露晶瑩，造化雕鐫窮變怪。 蒼如老僧鬢盡凋，淨如神女肌無纇。 雪積峩眉煖不消，波澄銀漢秋猶在。 一峯癯瘦兩峯寒，雨雲變幻晴雲態。 分明瑜瑾發奇光，那用青蒼描翠黛。 常韜真氣碧紗籠，偶見靈光天宇快（三峯雪積終歲，雲 籠如碧紗香篆，遇冬晴明乃見，踰時雲霧復合）。 冰柱晶簾拜下風，貝闕璇宮想大橆。 我來正值西風寒，誰能為翦鵝溪繪。 舊境重逢五百年，仙遊已出三千界。 夢裏都教塵塊清，狂來欲具袍笏拜。 可憐神山路渺茫，尤聞仄徑毒腥薈。 終古何人朗朗行，崇朝但集霏霏靄。 斜陽欲落兩頹然，聊綴長歌當酒酹。	卷7，頁326
〈署西隙地數弓中有古井，覆亭其上，余顏之曰坐觀，旁綴以花木竹石，公餘遊眺，亦居然海上一洞天也，得詩四首〉	屋角半弓閒，茆亭築井間。 就中憇短綆，聊此洗塵顏。 花好終輸竹，籬疏不碍山。 日長公事少，坐看鳥飛還。	卷8，頁327
	難得是春朝，春懷不自聊。 延青扶薜荔，引綠種芭蕉。 風物天涯別，烟霞客疾消。 無波古井畔，鴻爪印蕭蕭。	
	放眼乾坤小，孤亭且坐觀。 落花春意倦，流水暮聲寒。 事業飄蕭鬢，人情反覆瀾。 記曾昨夢好，手把釣魚竿。	
	風月都如客，雲天忽此身。 不嫌事草草，彌復意諄諄。 淡泊仍初志，辛勤為後人。 明年何處我，記取座中春。	
〈曇花〉	我聞東坡說，曇花豈有花（東坡詩：優鉢曇花豈有花）。 竭來婆娑界，燦燦見奇葩。 一穗十八朵，朵朵龍盤拏。 一藥六七寸，寸寸雲周遮。 有如象踏佛，五指結阿闍。 又如維摩室，空中現毘耶。 時或拈花供，薄霧籠窗紗。 蓮臺起隱隱，鼻觀通些些。	卷8，頁327

	一月不冒落，生意轉繁奢。 傳聞波斯國，種自梵王家。 誰從狻座側，採此智慧芽。 毋乃天女散，墮落海東涯。 清心含白雪，寶光淩仙霞。 塵根自解脫，翠葉交杈枒。 畢竟空與色，妙指難搜爬。 我欲喚畫師，坐對斜陽斜。 梵音三十二，一一圖鮮華。 攜將真面目，詮證東坡差。	
〈刺桐花〉	百尺扶疏榦，垂垂結絳囊。 蝶鬚沾膩粉，鳳羽翩朝陽（眾朵團簇形如丹鳳）。 野爨千枝火，寒山一瓣香（每花一朵只一瓣）。 今年花較早， 好卜歲時康（先花後葉主豐收，土人以此卜歲）。	卷8，頁327
〈黃梨〉	色偕吳柑色，珍全大谷珍。 葉長盤鳳尾（葉自頂出，森如鳳尾，故一名鳳梨）， 身老繡龍鱗（皮斑駁如鱗甲）。 習氣寒酸在，幽香冷煖勻。 平生嗜好別，淡味略相親。	卷8，頁327
〈金絲蝴蝶〉	可是羅浮仙種，錦梭巧奪天工。 織出時新花樣，絲絲裁翦東風。	卷8，頁327
	畢竟是花是蝶，居然如火如雲。 驚醒莊生曉夢，織成蘇蕙迴文。	卷8，頁327 ～328
〈菩提果〉	八出奇英四角開，靈根一縷結元胎（花瓣八出，大小相間，宛如方形，長鬚百縷，叢垂花心，漸次脫落，孤留一莖，則果結矣。芳香襲人，故一名香果）。 菩提若說真非樹，纍纍香從何處來。	卷8，頁328
〈波羅蜜〉	波羅蜜，大於斗。如來頂未平，摩挲難著手。 中藏甘露門，瓣瓣蓮花紐（狀如如來頂，中分十數房，似蓮瓣抱生，房各一實）。 幽香已分蒼蔔林，濃漿欲壓修羅酒。 一乘妙果自西來， 茫茫彼岸誰回首（波羅蜜言到彼岸也，見佛經注）。	卷8，頁328
〈釋迦果〉	小於波羅蜜，大於菩提果。 佛髻露青熒，螺旋盤磥砢。 金輪轉法王，真如認我我（永明壽禪師心賦金輪種族註言，釋迦佛是金輪之種）。	卷8，頁328
〈刺竹〉	綠竹猗猗，有芒如鏃。 以君子心，度小人腹。	卷8，頁328

〈蓮蕉〉	葉葉芭蕉葉，朵朵蓮花朵。 幻出幻中身，不知誰是我。	卷8，頁328
〈貝多羅花〉	貝多羅下根雙拏， 貝多羅上枝三叉（根必雙立，枝皆三叉）。 有時指揮如意落，天女亂散空中花。 淡黃小白嫣嫣紫，團簇錦繡如朝霞。 何時法王運神力，小種移出瞿曇家。 猶疑五色身雲現，幻作祇樹繁春葩。 我本前身佛弟子，失腳悞墮恒河沙。 拈花一笑悟宿果，逐逐煩惱何為耶。 枝頭葉薄薄於紙，天然界畫烏絲斜。 不如小摘三百片，淨磨濃墨書楞伽。	卷8，頁328
〈斑枝花〉	身繡龍鱗松作骨，花開絳蠟子如棉（斑枝即木棉，以枝上多苔文成鱗甲故名。花落而實，中有棉如絮）。 年年二月東風煖，無數鵁鶄飛滿天。	卷8，頁328
〈繡毬花〉	煖玉碎玲瓏，斜拖錦索紅。 宮中小寒食，馬上戲春風。 為是承恩重，朝來意氣雄。 旁人仔細認，可與此花同（李謹言：拋毬曲朝來，自覺承恩重，笑倩旁人認繡毬）。	卷8，頁328
〈夾竹桃〉	是誰春泛桃源，誤入瀟湘竹浦。 剗將一掬綠波，散作滿林紅雨。	卷8，頁328
〈美人蕉〉	十五盈盈女，紅妝照眼新。 生來工界畫，合嫁學書人。	卷8，頁328～329
	生小怕逢秋，秋來宛轉愁。 三更昨夜雨，點點滴心頭。	卷8，頁329
〈綠珊瑚〉	綠珊瑚，一名綠玉樹，多椏枝而無花葉。性有毒，臺人取以夾籬，暴不敢入。偶一拈筆，意有所託，不覺辭之過激也。 海風吹靈鼉，誤斷差差綠。 蔓草滋難圖，終朝采盈匊。 色借蒼苔蒼，身作禿樹禿。 引類荊棘多，厥性蠧蟲毒。 生憎造化奇，濫叨雨露渥。 擾我竹徑三，逞爾蓬矢六。 赫若牙爪張，森然芒刺伏。 濃蔭邀遠林，疏籬護斜屋。 拂鈞老未能，架筆生無福。 那比謝庭芳，謬託石家蓄。 佳名殊不稱，真材別有屬。 鐵網慎搜羅，毋以耳混目。	卷8，頁329

	時雨足芳田，駕言出東郭。 出郭安所之，勸民勤力作。 涓涓溪水流，寥寥天宇廓。 芳草競鮮新，野花自開落。 游覽豈不佳，中懷別有託。	
	行行三五里，遠見村烟生。 好風忽微吹，散若浮雲輕。 紆迴緣仄徑，軒豁登高坪。 籬落有新致，樹木含古情。 兒童走相告，父老前致迎。 官為爾農來，爾農慎弗驚。 聽官殷勤語，游惰將無成。	
〈東郊勸農〉	官昔弄文史，不解事犁鋤。 廿年竊厚祿，一飽慙侏儒。 陶潛歸去來，田園已荒蕪。 田荒尚可治，無田將何如。 爾農幸有田，曷弗勤菑畬。 官悔行已晚，農業良有餘。 且晚打門急，縣官來催租。	卷8，頁329
	爾農不古處，習敝好鬥訟。 訟則必終凶，勝亦安可用。 良田既失時，朝餔行乏供。 剜肉思醫瘡，毋乃自貽痛。 水平波不興，馬發勢難控。 爾農味官言，官言微有中。	
	與其豐年玉，不如荒年穀。 所以耕鑿民，含哺而鼓腹。 臺陽本沃壤，一歲凡三熟。 雨暘況時若，大有預可卜。 荷笠朝扶犁，橫笛晚驅犢。 此景行繪圖，坐聽蹕堂祝。	
〈偶讀東坡「白髮相望兩故人」、「吾儕相對復三人」之句，適嵩霞書至，因成二律奉寄並柬顗齋〉	十年面目各風塵，白髮相望兩故人。 海外多勞憐拙宦，樽前何處鬭閒身。 也知離合因成果，翻恐交遊夢未真。 記否卜鄰前日約，大家分占綠陽春。	卷8，頁329
	與君慣作差池燕，笑我孤留寂寞濱。 造物可能容百歲，吾儕相對復三人。 熟經世路窮思返，久戀交情老益真。 誰把東坡詩畫取，子孫同認草堂身。	卷8，頁329 ～330

〈連日風雨，讀東坡「先生不出晴無用，留向空堦滴夜長」之句，戲成二首〉	草滿頹垣水滿堦，蕭蕭靜與古人皆。 先生不出晴無用，好雨知時久亦佳。 海底雷霆爭觸擊（每大雨，海必吼），屋頭茶竈費安排。 年來漸覺詩情減，卻被雲催又放懷。	卷8，頁330
	點點狂飛萬弩強，溪溪春水漲瞿塘。 濃煙壓樹團雲氣，古壁搜螭掠電光。 此際最愁行路客，倩誰小試補天方。 五更潮落風濤靜，留向空堦滴夜長。	
〈仙丹花〉	四月仙丹開，灼灼藥爐火。 八月涼風吹，片片飛花瑣（花開自四月，至八月始落）。 傳聞昔仙女，鬢釵誤遺墮。 侍婢不能尋，幻作紅珠朵。 人生無百年，老去亦自可。 辛苦覓大還，花應笑計左。	卷8，頁330
〈番檨〉	密葉繁花臃腫材，午風薰處子成堆。 蓬萊可是無佳味，許爾和鹽入鼎來（氣味辛酸，臺人酷嗜之。每嘗新後，用鹽少許拌蒸，名曰蓬萊醬）。	卷8，頁330
〈芭蕉果〉	曲曲蕉心卷，離離果蒂駢。 託身清有味，礪角銳無前。 曉露金莖擢，仙班玉筍聯（生必駢枝）。 學書人倦後，好剝一枝鮮。	卷8，頁330
〈頳桐白桐花歌〉	東風吹老春無蹤，奇葩爛漫開頳桐。 碎錦團簇光熊熊，赤城十二丹霞封。 別有霜姿冰雪容，蛾眉淡掃粉痕鎔。 仙人疑向瑤臺逢，年年佳節臨天中。 蒲青艾綠榴葵紅，折來齊向膽瓶供。 長紅小白分纖穠，眾卉避席如奴傭。 此材可許中琴工，我欲移種蓬萊宮。 工師斲削與神通，日依舜陛奏南風。 花前笑倒亡是公，從來遇合由蒼穹。 出世入世奚須同，爨焦生不遇蔡邕。 元音汋穆歸太空，那復指下勞匆匆。 無用之樂樂何窮？梗楠杞梓檜柏松。 上林佳木紛葱蘢，沾恩愈渥報必豐。 如爾亦稱東南雄，涵濡雨露厚且濃。 何為尺寸無奇功，乃復多事擾塵胸。 於意則厚理未融，不如老此東海東。 花開花落子叢叢，我聞此語心為忪。 半生鹿鹿誠何庸，舉杯酹花花意醲。 連花一吸三千鍾，頹然身世入虛盅。 恍惚夢見雙髯龍，耕煙種草呼之從。	卷8，頁330～331

〈荔支〉	生身常傍綠榕鄉，三絕真兼色味香。 冷白濺牙金井露，皺紅脫手紫羅囊。 華清新浴楊妃乳，洛水微波神女光。 畢竟黃柑風韻俗，不須時節恨偏長（陸放翁詩：何限人間堪恨事，黃柑丹荔不同時。）。	卷8，頁331
〈雨霽出郭〉	起看窗隙透朝曛，風色陰晴一夜分。 出郭勞他迎手板，感天為我洗塵氛。 白蒸茉莉家家玉，綠潤珊瑚樹樹雲。 宿世此翁鷗鷺侶，傳呼到處不驚羣。	卷8，頁331
	煖風薰處緩浮驂，爽氣如秋洗蔚藍。 曲巷短灣盤石角，小橋流水畫江南。 幽懷難覓蘭心素，老境思尋蔗味甘。 畢竟天家雨露渥，隔宵餘潤尚濃酣。	
〈家書來訊近狀詩以報之〉	近狀何堪問，長年異域居。 官清童僕怨，地僻友朋疏。 奇絕頻看海，閒來只讀書。 西風吹落葉，又是雁飛初。	卷8，頁331
	所幸民和樂，時清景物賒。 有心唯飲水，無日不看花。 蜃氣侵衣溼，霜痕點鬢斜。 多勞風雨夜，芳草憶天涯。	
	暫留祇五日，轉盼即三年。 世路如春繭，官情似野禪。 夢中松菊徑，身外水雲天。 為寄平安字，書成轉自憐。	
〈中秋夕醉後放筆〉	前年中秋月，照我棘闈中。 去年中秋月，照我大海東。 今夕又何夕，明月復當空。 人生無定迹，有若萍與蓬。 多情但明月，到處相追從。 舉酒為謝月，月乃墮酒鍾。 連月吸入口，寒光沁心胸。 恍惚身輕舉，飛上廣寒宮。 宮中何所有，老桂香籯籯。 婆娑映蟾魄，五色晴雲烘。 爾時須彌界，俯視如鶩籠。 但覺境清絕，無復纖翳蒙。 姮娥顧我笑，請君對青銅。 面作皺紋皺，鬢看霜華濃。 何為年復年，負此好秋風。	卷8，頁331 ～332

	故鄉亦有月，照不到君容。 卿言良復佳，我法別有庸。 男兒挾遠志，那作黏壁蟲。 飲啄況有數，行止誰能同。 無端長鬱鬱，何異投窗蜂。 舉杯重酌酒，吐月還蒼穹。 天雞一聲唱，人月兩匆匆。 明年中秋月，何處行相逢。	
〈即事書懷〉	官齋寂靜似僧廬，一笑龕同彌勒居。 待客徑開花好處，懷人書寄雁飛初。 百年歲月三秋老，萬里關山兩鬢疏。 博得海天雲樹裏，朝朝清課理鱣魚。	卷8，頁332
〈題畫〉	隻手握絲綸，直道取自劌。 一舉連六鼇，釣鉤不曾曲。	卷8，頁332
〈新港道中〉	萬頃蒼茫岸，秋光淨碧寥。 乾坤留此境，道路復今朝。 溪淺牛眠水，雲寒鹿覆蕉。 不知諮訪處，何以慰迢迢。	卷8，頁332
〈新港番社〉	舊社依新港，危樓架短梁。 草垣堆牡蠣，竹徑種檳榔。 漸識衣冠好，都忘歲月長（番黎不紀年歲）。 自言沾帝澤，身世樂羲皇。	卷8，頁332
〈番仔渡〉	一泓番仔渡，溪淺不成河。 野鷺銜魚出，村牛帶犢過。 雲山隔岸闊，烟樹夕陽多。 可惜沙平處，無人理釣蓑。	卷8，頁332
〈牛稠溪〉	高岸真如古，平沙盡是田。 水波流曲澗，竹徑鎖寒烟。 村犬穿籬吠，山樵抱石眠。 迢迢紅夕照，吹笛滿溪邊。	卷8，頁332 ～333
〈水沙連〉	道路崎嶇甚，山行徑轉平。 傍溪籬落古，照眼水沙明。 竹翠排雲影，松濤振谷聲。 中原無此土，歲屢報秋成（歲凡三熟）。	卷8，頁333
〈晚宿下坪〉	朝從山中行，晚向山中宿。 忽見東山雲，飛落西山腹。 須臾風吹散，瀰漫徧巖谷。 不辨雲與山，蛟龍互起伏。 看爾為霖雨，崇朝潤海屋。	卷8，頁333

〈清水溪〉	夾路萬竿竹，中流百尺溪。 浪花翻鷺腹，沙窟印牛蹄。 斧劈山痕皺，弓開岸勢低。 晚烟何處起，村在亂峯西。	卷8，頁333
〈濁水溪〉	昨過溪水清，今看溪水濁。 何處問源頭，聽人歌濯足。 急浪魚龍奔，危石羝羊觸。 惟有溪畔山，朝朝結寒綠。	卷8，頁333
〈萬斗六溪〉	高低翠柳短長堤，三面青山一面溪。 絕似昨宵身化蝶，乘風飛過段橋西。	卷8，頁333
〈過東螺沙轆諸番社〉	曉起過東螺，晚行抵沙轆。 野番解急公，趨事鬪捷足。 五色飛綵雲，雙旌引綠竹（每巡使過社，十里外以竹枝結綵鼓吹迎之，即為前導）。 逐隊作前驅，焚香或俯伏。 乘桴喜追從（每遇溪河，眾番爭先涉水，掖舟而行）， 駕車逞輕熟。 臂挽硬竹弓，背負利弩鏃。 耳根剜及肩，繡紋橫刺肉， 野花亂插頭，毳羽籠翦服。 有時急叉魚，無端思捕鹿。 都都婦獻芹（都都以糯米為之，番婦各捧盤盂，沿途盛獻）， 琅琅師教讀（每社各延漢人教習番童，名曰社師）。 矮屋多編蘆，老人但鼓腹。 歲月不紀年，風土各成俗。 願為聖人氓，永沐太平福。 此景行繪圖，歸拜帝廷告。	卷8，頁333
〈回署〉	使者懷靡及，駪駪徧海疆。 風謠傳鴃舌，道路熟羊腸。 地僻川原古，山深草木香。 偶留鴻爪印，愗媿指甘棠。	卷8，頁333
〈晚坐書懷〉	颯颯晚風寒，孤吟獨倚欄。 芭蕉雨後碎，橘柚夢中殘。 白髮望遊子，青山笑冷官。 歸期知不遠，鄉思轉漫漫。	卷8，頁335
〈漫興〉	一角孤亭伴鶴閒，兩年小住水雲灣。 儘拋身外無窮事，徧看人閒不到山。 官囊新添吟卷重，霜華濃染鬢痕斑。 閒情多少知何寄？秋雨秋風鳥倦還。	卷8，頁335

〈庭樹〉	昨夜朔風寒，獵獵打窗紙。 起視庭中樹，葉落勢不止。 落者長已矣，留者難久恃。 榮華世所欣，寂寞我自喜。 歲寒松柏凋，奇節亦偶耳。	卷8，頁335
	年年二三月，庭樹何扶疏。 有若形與影，伴我海上居。 一朝生意盡，相對空踟躕。 我留幾培植，我去將何如。 根在春復生，願樹葆厥初。	
〈留別臺灣父老〉	推擠不去思依依，忽掛風帆鼓浪飛。 臣節自盟一勺水，君恩許著萬民衣。 年光屈指真如瞬，世路回頭已悟非。 但得長波安穩渡，歸途吟伴未全稀（謂玉立亭給事）。	卷8，頁335
	記持玉節下烟霄，二月東風渡海潮。 續考陽城甘下下，槎迴漢使復迢迢。 印來鴻爪原無定，聽到驪歌不自聊。 為語里中諸父老，勉將澆樸返頑嚚。	
〈渡海歸重經澎湖〉	柱石砥中流，狂瀾面面收。 有山皆種麥，無島不藏洲。 重到兩年客，孤乘一葉舟。 何時成利濟，消息問潮頭。	卷8，頁335